走近圣贤丛书

丛书总主编 舒大刚

走近

孙子

知己知彼
百战百胜
感受智胜之方

舒大刚 撰

山东城市出版传媒集团·济南出版社

图书在版编目（CIP）数据

走近孙子 / 舒大刚撰. -- 济南：济南出版社，
2020.1（2023.1重印）

（走近圣贤 / 舒大刚主编）

ISBN 978-7-5488-4079-4

Ⅰ.①走… Ⅱ.①舒… Ⅲ.①孙武—生平事迹 Ⅳ.
①K825.2

中国版本图书馆CIP数据核字（2020）第024230号

出 版 人	崔　刚
丛书策划	冀瑞雪
责任编辑	殷　剑
封面设计	李海峰

出版发行	济南出版社
地　　址	山东省济南市二环南路1号（250002）
编辑热线	0531—86131747（编辑室）
发行热线	82709072　86131701　86131729　82924885（发行部）
印　　刷	山东潍坊新华印务有限责任公司
版　　次	2020年8月第1版
印　　次	2023年1月第2次印刷
成品尺寸	150mm×230mm　16开
印　　张	11.25
字　　数	140千
印　　数	5001—9000册
定　　价	37.00元

（济南版图书，如有印装错误，请与出版社联系调换。联系电话：0531-86131736）

总　序

这是一个需要圣人而且产生了圣人的时代。

在公元前 800 年—公元前 200 年,在地球北纬 20° 和北纬 40° 之间的地域,世界上一批思想巨星和艺术宗匠闪亮登场,他们的思想和学说照亮了历史的天空,开启了人类的智慧,并一直温暖着人们的心灵。

那是一个群雄纷争、诸邦并列的时代:在古代欧洲,是希腊、罗马各自为政的城邦制时代;在南亚次大陆,是小国林立、诸邦互斗的局面;在古代中国,则是从"溥天之下,莫非王土"的西周王朝,转入了诸侯争霸、七雄战乱的"春秋战国"时代。那时天下大乱,战火连绵,强凌弱,众暴寡,争地以战杀人盈野,争城以战杀人盈城,百姓生活在被侵袭、蹂躏和面临死亡的威胁之中。如何才能恢复社会秩序,实现社会安定? 什么才是理想的治国安邦良策? 芸芸众生的意义何在? 人类前途的命运何在? 正是出于对这些现实问题的思考,一批批先知先觉诞生了,一服服治世良方出现了。人类历史也由此进入了智慧大爆发、思想大解放的"诸子并起,百家争鸣"时代!

在古波斯,琐罗亚斯德(前 628—前 551)出现了;在古希腊,苏格拉底(前 469—前 399)、柏拉图(前 427—前 347)出现了;在以色列,犹太教先知们出现了;在古印度,佛陀释迦牟尼(约前 565—前 485)诞生了;在中国,则有管子(约前 723—前 645)、老子(约前 571—前 471)、孔子(前 551—前 479)、孙子(约前 545—约前 470)、墨子(约前 475—前 395)等一大批精神导师、圣人贤人横空出世! 德国哲学家雅斯贝尔斯在 1949 年出版的《历史的起源与目标》中,将这一时期定义为"轴心时代",并认为,"轴心时代"思想家们提出的思想原则,塑造了不同的文化传统,也一直影响着人类未来的生活。在希腊、以色列、中国和印度的古代文化都发生了"终极关怀的觉醒",智者们开始用理智的方法、道德的方式来面对这个世界,同时也产生了宗教和哲学,从而形成了不同类型的智慧,逐渐形成了"中国文化圈""佛教和印度教文化圈""希腊—罗马和犹太—基督教文化圈",决定了今天西方、印度、中国、伊斯兰不同的文化形态。这些文化圈内人们的思想因为有了"轴心时代"思想家的智慧火花,才一次又一次地被点燃,这些文化也才一代又一代地得以传承和发展。

相反,由于没有"轴心时代"先知先觉思想的恩惠,一些古老文明也就无缘实现自己的超越与突破,如古巴比伦文化、古埃及文化、古玛雅文化,它们虽然都曾经规模宏大、雄极一时,但最终都被历史的岁月无情地演变成文化的化石。

中华民族以其悠久的历史和灿烂的文化屹立于世界民族之林,中华文化历经数千年而不衰竭,今日更以雄姿英发之势,傲视寰宇。它不仅是"世界四大古文明"(古埃及、古巴比伦、古印度和中国)中唯一迄今仍然巍然独立、生生不息的一个,也是上述四大文化圈中传承序列最明晰、文化形态最温和、可持续性最强的一种文化。

浩浩龙脉,泱泱华夏,何以能创造如此文明奇迹?中国"轴心时代"期间的"诸子百家"、圣人贤人所做的绝妙思考和留下的精神财富,无疑就是历代中国人获取治国安邦之术的智慧源泉。在这一群圣人贤人之中,有德有位、立言立功、多才多艺的周公(姓姬,名旦)无疑是东方智慧大开启的奠基者。历五百年,随着王室东迁、文献流播,而有管子、老子、孔子、孙子者出。管子是用知识和理想治理社会和国家而获得成功的第一人,是后世儒与法、道与名诸多原理的蕴蓄者。老子曾为周守藏室史,主柱下方书,善观历史,洞晓盛衰,得万事无常之真谛,故倡言不争无为,而为道家鼻祖。孙子虽言兵,然而崇仁尚智,以兵去兵,而为兵家之神圣。同时,有孔子者出,远法尧舜之美,近述周公之礼,删六艺以成"六经",开学官以授弟子,于是乎礼及庶人,学术下移,弟子三千,达徒七十有二,口诵"六经",身行孝敬,法礼乐,倡仁义之儒家学派因而诞生!

自是之后,民智大开,学术鼎盛,家有智慧,人有热忱,皆各引一端,各树一帜,于是崇俭兼爱的墨家(以墨翟、禽滑釐为代表),明法善断的法家(以申不害、商鞅、韩非为代表),循名责实的名家(以邓析、公孙龙为代表),务耕力织的农家(以许行、陈相为代表),清虚自守的道家(以文子、庄子为代表),象天制历的阴阳家(以子韦、邹奭、邹衍为代表),以及博采众长的杂家(以尸佼、吕不韦为代表),纵横捭阖的纵横家(以鬼谷子、苏秦、张仪为代表),纷纷出焉,蔚为人类思想史上之大观!

诸家虽然持说不同、观点互异,但其救世务急之心则一。善于汲取各家智慧,品读各家妙论,折中去取,必收相反相成、取长补短之效。《诗》曰:"我思古人,实获我心!"生今之世,学古之人,非徒抒吊古之幽情、发今昔巨变之慨叹而已,亦犹有返本开新、鉴古知今之效云尔!

是为序!

目　录

前　言 ……………………………………………………… 001

第一章　兵圣孙子 ………………………………………… 001

一、问题的提出 ………………………………………… 001

二、孙子家世及其成长环境 …………………………… 002

三、孙子生平考略 ……………………………………… 005

第二章　兵经《孙子兵法》 ……………………………… 013

一、《孙子兵法》的作者是孙武吗 …………………… 013

二、"十三篇"与"八十二篇" ……………………… 017

三、《孙子兵法》是怎样一部书 ……………………… 019

第三章　慎战——关于战争的忠告 ……………………… 022

一、百家论兵 …………………………………………… 022

二、孙武言兵 …………………………………………… 025

第四章　庙堂决胜——临战前的计较 …………………… 028

一、先计而后行 ………………………………………… 028

二、"五事" …………………………………………… 029

三、"七计" …………………………………………… 030

四、"诡道" …………………………………………… 031

第五章　道·天·地·将·法——体系独特的军事实力观 …… 034

一、重道 ………………………………………………… 034

二、谈天 ………………………………………………… 036

三、说地 ································· 037

四、论将 ································· 039

五、明法 ································· 040

六、"五事"轻重 ························· 042

第六章 军事管理诸原则 ··············· 044

一、"和门" ······················ 044

二、赏与罚的艺术 ·················· 046

三、师出以律 ······················ 048

四、兵以治胜 ······················ 049

五、齐勇若一 ······················ 049

第七章 将将——任用将帅的艺术 ····· 052

一、慧眼识英雄 ···················· 053

二、信而用之 ······················ 054

三、御将之术 ······················ 056

第八章 上兵伐谋——尚智哲学 ······· 058

一、尚智 ·························· 058

二、明智·理智·机智 ··············· 061

三、智谋 ·························· 064

四、余话 ·························· 065

第九章 奇正——灵活机动的战略战术 ·· 067

一、悠悠万事,奇正为大 ············· 067

二、"常"与"非常" ··············· 068

三、奇正说法 ······················ 070

四、奇正说戒 ······················ 073

第十章 虚实——辩证的实力观 ······· 077

一、真虚真实 ······················ 078

二、虚虚实实 ······················ 078

三、避实击虚 ······················ 081

第十一章　制胜三十六法(一) …………… 083

一、料敌制胜 ……………………………… 083

二、知几其神 ……………………………… 085

三、因机设权 ……………………………… 087

四、先胜后战 ……………………………… 088

五、攻心为上 ……………………………… 090

六、因势利导 ……………………………… 093

七、士以怒战,以利动众 ………………… 095

八、兵无常势 ……………………………… 097

九、君命有所不受 ………………………… 098

十、兵以诈立 ……………………………… 100

第十二章　制胜三十六法(二) …………… 102

十一、多方误敌 …………………………… 102

十二、乱而取之,怒而挠之 ……………… 104

十三、离间之计 …………………………… 106

十四、利而诱之 …………………………… 107

十五、以逸待劳 …………………………… 109

十六、将计就计 …………………………… 110

十七、形人而我无形 ……………………… 111

十八、致人而不致于人 …………………… 114

十九、制敌所爱 …………………………… 116

第十三章　制胜三十六法(三) …………… 117

二十、禁祥去疑 …………………………… 117

二十一、奇正相生,设伏制敌 …………… 118

二十二、以迂为直,后发先至 …………… 120

二十三、分合为变 ………………………… 121

二十四、兵贵拙速 ………………………… 123

二十五、不战而屈人之兵 ………………… 124

二十六、善兵伐交 ……………………………………… 125

二十七、三打二胜 ……………………………………… 127

第十四章　制胜三十六法（四） ……………………… 128

二十八、得失辩证法 …………………………………… 128

二十九、攻其无备，出其不意 ………………………… 130

三十、置之死地而后生 ………………………………… 132

三十一、围地则谋 ……………………………………… 134

三十二、避其锐气，击其惰归 ………………………… 136

三十三、反客为主 ……………………………………… 138

三十四、后发制人 ……………………………………… 141

三十五、调虎离山 ……………………………………… 142

三十六、火攻者明，水攻者强 ………………………… 144

第十五章　情报战——百战不殆的必要条件 ………… 147

一、知彼知己，知天知地 ……………………………… 147

二、重点侦察，见微知著 ……………………………… 148

三、注意保密，严防敌间 ……………………………… 149

四、侦伺方法 …………………………………………… 150

第十六章　兵家禁忌 …………………………………… 154

一、兵不可以怒动 ……………………………………… 154

二、“三患” ……………………………………………… 155

三、攻敌“八勿” ………………………………………… 155

四、危险的“五利” ……………………………………… 156

五、“五危” ……………………………………………… 157

六、六过 ………………………………………………… 157

第十七章　奇妙的军事哲学——代结语 ……………… 159

一、实事求是，重人轻神 ……………………………… 159

二、矛盾对立，变化无常 ……………………………… 161

三、主观能动，灵活机动 ……………………………… 163

四、相对、绝对和偶然、必然 ………………………… 165

前　言

　　天地玄黄，宇宙洪荒。当人类历史进入公元前800年—公元前200年，人类的智慧之门仿佛突然之间被打开了，一大批先知先觉者对人性和人生问题进行了超前思考。人类（至少一部分先知）不再是蒙蒙然无所知觉的状态，而已经是有知识、有情感、有理想、有寄托，而且能自我创造幸福的鲜活的生灵！

　　在中国，这时基本处于春秋战国时期（前770—前221）。这个时期，几乎所有在中国历史上产生过影响的学派纷纷出现，这些学派史称"诸子百家"。各学派争相著书立说，互相论战，形成了学术上的繁荣景象，史称"百家争鸣"。这些先哲似乎对什么都极感兴趣，都想探个究竟，都不愿完全认命、听命，也不想完全屈从于人类的习惯法和旧秩序，而是要活出个样儿，活出个理想，活出个新的境界。就连毁灭性的战争，诸子中也有人立意要结束那与人类贪婪本性俱来的屠戮与掠夺，而将其上升到哲学和艺术的高度——这就是"兵家"！"战争是政治的继续""战争是矛盾的最高形式""反对战争，热爱和平"这些西方近代才有的观念，早已经孕育在两千五百多年前中国兵家的头脑之中了。

　　在中国兵家看来，战争不是为了毁灭，而是为了保全；不是为了杀戮，而是为了全活；不是为了天下大乱，而是为了天下大治（"用兵之法，全国为上，破国次之；全军为上，破军次之"）。战争不再是纯粹的力的较量，而是智的竞赛（"是故百战百胜，非善之善者也；不战而屈人之兵，善之善者也。故上兵伐谋，其次伐交，其次伐兵，其下攻城。攻城之法,为不得已");不再是死的对决,而是巧的比试("凡战者,以正合,以奇胜。故善出奇者,无穷如天地,不竭如江海");不再是绝对的两败俱伤,而是全己而制敌("故善攻者,敌不知其所守;善守者,敌不知其所攻。微乎微乎,至于无形;神乎神乎,至于无声,故能为敌之司命")。总之,战争不再是令人精疲力竭、九死一生的事情,而是竞智、竞技、竞巧的艺术。"善守者藏于九地之下,善攻者动于九天之上,故能自保而全胜也。见胜不过众人之所知,非善之善者也;战胜而天下曰善,非善之善者也。故举秋毫不为多力,见日月不为明目,闻雷霆不为聪耳。古之所谓善战者,胜于易胜者也。故善战者之胜也,无智名,无勇功,故其战胜不忒。"这样的见解可谓警辟深邃、精湛绝伦。至于"知彼知己者,百战不殆""攻其无备,出其不意"等格言,更是家喻户晓、妇孺皆知。而这些都出自中国两千五百多年前一位智者的思考,这位智者就是孙武!

孙武是中国春秋时期伟大的军事家。他生于齐国,受重用于吴国,曾经帮助吴王西败强楚、南挫劲越、北威齐晋,成一代霸业!他著有《孙子兵法》十三篇,系统思考和总结了人类战争的性质和艺术,成为两千五百多年来中国军事家信奉的经典,启发了一代又一代军事家的智慧和创造力。他的许多超越军事领域的对人生智谋的思考,已经成为人类智慧的瑰宝,至今还闪烁着理性的光芒。

人生在世,矛盾无处不在,利害相反相成,但冲突是可以避免的,战争更是必须反对的。如何凭借现有实力,化解各种矛盾,协调各种利害关系,运筹帷幄,柔胜刚克,都需重温和吸取孙子的智慧。要妥善解决现实的矛盾,重新燃起理性的火焰,我们当然也不能拒绝孙子留给我们的金玉良言!

第一章　兵圣孙子

　　古今中外，无论是评选最早的军事家，还是评比最杰出的军事理论家，中国两千五百多年前的孙武，无疑都应为首选。孙武是我国春秋时期著名的军事学家，是中国兵家的鼻祖，也是世界范围内言兵的圣人。他留下的《孙子兵法》一书，是迄今保存下来的最古老、流传最广泛的军事著作。国内外学人称孙武为"兵圣"，称《孙子兵法》为"兵经"或"武经"。

　　有人质疑：春秋时期怎么可能出现这样的圣人呢？这部伟大的著作怎么会是由一位古人完成的呢？于是，《孙子兵法》是不是春秋时期的作品成为大家的疑问，甚至这位"兵圣"在历史上有无其人也成了问题！虽然这些疑团早已被铁的事实解开了，但是为了回顾人类学术史上这段奇怪的"幻影"，我们还是应该对这段历史再做一番"游历"。

一、问题的提出

　　孙子的生平和著述，《史记》本来有专传介绍，汉唐之时一直没有异议。及至南宋，叶适首先怀疑《孙子兵法》，后之好奇猎怪的疑古学者靡然同之。一些人戴上怀疑的有色镜，捃摭《孙子兵法》中具有战国时代特征的片言只语，比附引申，认为《孙子兵法》是战国时期的作品。有的甚至怀疑孙武其人，如南宋陈振孙说："孙武事吴阖闾而不见于《左氏传》，未知其果何时人也？"甚至有今人认为孙武其实就是战国时期的孙膑，历史上并无孙武其人。如此等等，歧说纷出。不过，事实胜于雄辩，不仅历史文献记载有孙子其人，而且考古发掘也证明确有其人。下面就《史记》所载，并参考其他资料，将孙子的生平做一简单勾勒。

二、孙子家世及其成长环境

孙子，名武，字长卿。《史记》说他为"齐人"，《吴越春秋·阖闾内传》则说他是"吴人"。据考证，孙子本齐人，迁于吴国，故亦为吴人。

孙氏之姓，起源有三：一支是卫武公子惠孙之后，一支是楚令尹孙叔敖之后，一支是齐陈完（又叫"田完"，谥"敬仲"）四世孙桓子之后。《唐书·宰相世系表》和郑樵《通志·氏族略》都说孙武为陈完孙桓子之后。清人孙诒让《孙子兵法序》载"泰山新出《孙夫人碑》亦云'与齐同姓'"，证明孙氏出于齐田氏。

陈氏乃帝舜之后，妫姓，周初封于陈。齐桓公时，陈国内乱，陈完奔于齐，"以陈字为田姓"（"陈"与"田"，古相通假），遂名"田完"。田完四世孙田无宇，号桓子。桓子与晏婴同事齐庄公，"甚有宠"，田氏逐渐发迹。无宇子田乞，景公时为大夫，为收买民心，他向民众收取赋税时用小斗收进来，却用大斗借给民众，使民心大快，人心归之。田乞生田常（谥"成子"），田常生田盘（谥"襄子"），盘生田庄子，庄子生田和（太公和），世世权卿。至田和，田氏代吕尚（姜太公）的后代齐康公为诸侯，姜氏齐国遂易姓田氏，齐国历史被分为"姜姓之齐"和"田姓之齐"两段。司马迁在《史记》中，给姜姓齐国作《齐太公世家》，给田氏齐国作《田敬仲完世家》。

《新唐书》述孙子家谱曰：

> 齐田完，字敬仲，四世孙桓子无宇，无宇二子：恒、书。书，字子占，齐大夫，伐莒有功，景公赐姓"孙"氏，食采于乐安。生凭，字起宗，齐卿。凭生武，字长卿，以田、鲍四族谋为乱，奔吴，为将军。三子：驰、明、敌。明食采于富春，自是世为富春人。明生膑。

据此，孙武乃田桓子曾孙。南宋初邓名世《姓氏书辨证》所载亦与此同。

郑樵《通志》所载在世次上与《新唐书》同,但在受姓原因上,又与《新唐书》《姓氏书辨证》不同。《通志·氏族略》将孙氏列入"以字为氏"目,曰:"或言桓子之子书戍莒(当作"伐莒")有功,齐景公赐姓孙氏,非也。以字为氏,何用赐为? 此当是桓子祖父字也。桓子曾孙武。"说桓子祖父字"孙",史无明文,郑樵纯出推测,难为确据。

《史记·田敬仲完世家》载,田桓子"生武子开与釐子乞(即《左传》中的陈僖子)",却不载田书。《左传》有"孙书"(又称"陈书""子占",自称"书")其人,应即田书。伐莒之事,见于《左传》昭公十九年:"秋,齐高发帅师伐莒,莒子奔纪鄣,使孙书伐之。"后文又称孙书为"子占",说子占以缒城法攻入纪城,迫使莒共公出逃("伐莒有功"当指此)。杜预注:"孙书,陈无宇子子占也。"由此可见孙书(田书)为陈桓子之子无疑。可能《史记》所载田桓子后代为嫡系,而田书为庶出,故不及之。孙书伐莒在公元前 523 年,即楚平王杀太子建、太子傅伍奢、伍尚,伍员(子胥)奔吴之前一年。

陈书最晚的活动记载见于《左传》哀公十一年。这一年,吴王夫差趁齐国易君之乱,与鲁伐齐,战于艾陵,陈书也参加了反击战。大敌当前,齐军将士个个以必死的决心奋起反抗。"陈僖子谓其弟书:'尔死,我必得志。'"杜预注:"书,子占也。"陈僖子即《史记》中的"釐子乞",他激励兄弟陈书以死奋战,以求得战争的胜利。陈书不负所望,回答说:"此行也,吾闻鼓(进)而已,不闻金(退)矣。"这表达了其"宁肯前进一步死,不肯后退半步生"的英雄气概。在吴人凌厉的攻势面前,齐军还是战败了,中军主帅国书以及陈书等齐军将领战败被俘,成了吴军阶下之囚。陈僖子亦卒于本年,可能与陈书一样死于国难。其子田常继为卿。其时及公元前 484 年,距孙书伐莒已经三十九年。这一年,吴国伍子胥因反对吴国伐齐被夫差赐死。孙武此时事迹不详,但他居吴至此已经三十余年(详后),已进入生命的最后阶段。

　　田书实有其人，"孙书"之称也见于《左传》，但上述文献记载还有些问题。如果孙武是桓子曾孙、田书之孙，那么在夫差伐齐时，孙武至少已五十岁，作为孙武爷爷的田书势必已是皤然一老翁，怎么能披挂上阵与吴人作战呢？若文献记载属实，孙子作为吴国出谋划策的人，间接害死了自己的爷爷，这实在是个不幸的结局。

　　孙子生于齐国，长于齐国，其学问也养成于齐国。齐国自古有知兵善战、崇尚权诈之术的传统。殷朝末年，太公吕望在磻溪以直钩钓鱼，得到周文王的赏识，为周军师，"阴谋修德以倾商政"；文王死后，他又辅佐武王，牧野一战以革殷命。据孟子说，太公发迹前居于东海之滨，是"东夷之士"，发迹后又被封于齐国，始终在今山东半岛一带活动。《史记·齐太公世家》说太公辅周，"其事多权谋与奇计，故后世言兵及阴权皆宗太公为本谋"。这说明他是兵家的鼻祖。相传殷、周之际，有一部古老的兵书——《司马法》，全称《军礼司马法》，是讲军事制度的政书，故《汉书·艺文志》将其列入"礼家"。《司马法》还不是成熟的军事著作，但其中记载了军礼，也记载有自汤武以来成功的战争经验。班固说："下及汤武受命，以师（军队）克乱而济百姓，动之以仁义，行之以礼让，《司马法》是其遗事也。"《司马法》就是这样一部以"仁义、礼让"为外壳，而以"以师克乱"之道为内核的兵书雏形。太公在周为军师，必然与这部兵书有不解之缘。就像周公爱好礼乐而将周礼带去鲁国一样，太公望封齐后肯定也将《军礼司马法》带到了齐国。从此之后，齐国就养成了世世知兵的传统。

　　传世的《六韬》，相传是太公与文王问兵讲武的兵书。秦末汉初，张良遇黄石公圯上受书，读的就是《太公兵法》，后世演为《黄石公三略》。两书虽然未必真出于太公，但世人托为太公所作，并"宗太公为本谋"，亦足以证明太公本来就是知兵者，齐国本来就有知兵的传统。

　　孙武家族世多军事家、政治家。孙武的曾祖田桓子，"有力，事齐庄公，甚有宠"（《史记》），是兼有军事、政治之才的人物。桓子之子田乞长于攻心,善于先发制人,是善于权谋的政治家。孙武的祖父田书善战,因功赐姓,是颇有建树的军事实践家。比孙武稍后的田穰苴,既是军事实践家,又是军事理论家。他是孙武的同姓,也是田完之后,以善于用兵为齐威王司马。后人将田穰苴的作战经验与世传《司马法》合编成《司马穰苴兵法》,也简称《司马法》。孙武本人在军事理论上更是造诣极深,著有《孙子兵法》十三篇。

《六韬》《三略》《司马法》《孙子兵法》都是古代著名的军事理论著作,在宋代被列入"武经七书"①。七大武经之中,有四经出自齐国,这当然不是偶然的。

孙武卒后百年,齐国又有孙膑,是"孙武之后世子孙",亦善言兵,著《孙膑兵法》。孙膑是战国时期第一流的军事家,在齐魏桂陵之战、马陵之役中建立奇功。这两次战役成为战争史上著名的以少胜多、以奇制胜的战例。

这些都是自太公以来齐国知兵尚武传统结下的丰硕成果。孙武就在齐国这个尚武的国度里诞生,又在孙氏这个军事世家中成长。

三、孙子生平考略

孙武生活于公元前 6 世纪后期至公元前 5 世纪前期,那是一个圣贤辈出的时代。当时,周有老聃,是道家创始人;鲁有孔子,是儒家创始人;齐有晏婴,是墨学先驱;吴有季札,是博物学家;郑有子产,是法家先驱。他们都是当时第一流的思想家和政治家。孙子则是这个时期著名的军事理论家,是军事科学的创始人。

那又是一个礼坏乐崩、王纲解纽的时代。周天子失去了对天下万国的控制力,各诸侯国不仅面临其他国家的强烈竞争,而且面临国内大夫篡权、国祚易姓的严重危机。孙武所在的齐国,更是个充斥着阴

---

① 武经七书:除《六韬》《三略》《司马法》《孙子兵法》之外,尚有《吴起兵法》《尉缭子》《李卫公问对》。

谋权诈,甚至不惜弑君杀父的国度。在孙武的少年时代,田氏势力已日益壮大,对姜姓齐国造成极大的威胁。齐国贤相晏婴屡次发出即将"政归田氏"的忧叹。可是,为什么孙武没在齐国寻求发展,而是逃到吴国,佐助吴王"北威齐晋"呢?

《新唐书》《通志》《姓氏书辨证》都说:"桓子曾孙武,以齐之田、鲍四族谋为乱,奔吴,为将军。"似乎孙武出奔吴国是在田、鲍等四族谋乱之时,其奔吴的原因是逃避齐国的政治危机,寻求政治庇护。其实并非如此。

据史书,齐景公三年(前545年)冬,田、鲍、高、国四族谋诛权臣庆封,庆氏奔鲁,继奔吴。"吴与之朱方,聚其族而居之,富于在齐",七年后被楚国诛灭(《史记·齐太公世家》《六国年表》)。庆封奔吴受欢迎,孙武奔吴被重用,似乎孙武是庆封的追随者。但是,四族作乱时,田文子在世,田桓子当政,孙武作为田桓子的庶孙却要背叛祖父,去追随一个政治上的失败者,这是不合情理的。而且,倘若孙姓是因孙书伐莒有功受赐,伐莒在公元前523年,四族乱作时田书还未立功,孙武如何能够事先冒姓"孙"氏呢?看来孙武奔吴另有其时,也另有原因。

孙武在吴国最早的活动是"以《兵法》见吴王阖闾",其事见于《史记·孙子列传》。20世纪70年代,山东银雀山汉墓出土汉简《孙子兵法》又证实了此事。此事最早也应在阖闾杀吴王僚即位之后(前514年)。据竹简《兵法》下编《吴问篇》载,吴王问孙子:"六将军分守晋国之地,孰先亡?"六卿分晋在吴王阖闾元年。孙武所答,分析六卿田制、税制、奢俭、士气甚悉,一似亲闻亲见。在当时信息闭塞、交通不便的情况下,孙武绝不可能在偏处东南海隅三十年之后,仍然对晋国情况如此了解。可见,孙武奔吴不可能在齐景公三年,而应在吴王阖闾即位前后。其时上距四族之乱三十年,田氏在齐国亦已权势看涨,晏婴于头年还说"田氏有德于齐,可畏"。作为孙书支族的孙武,已没有政治迫害可逃。

《新唐书》《姓氏书辨证》以及郑樵关于孙武逃吴问题的记述,无论在时间上,还是在原因上,都是难以自圆其说的。

孙武奔吴,可能出于"楚之亡臣"伍子胥的招请。伍子胥的父亲伍奢是楚平王太子建的太傅,因太子与平王有矛盾,伍奢连同子胥的哥哥伍尚一起被诛。伍子胥逃到吴国,发誓报仇雪恨。于是,伍子胥进说于吴王,广招天下英雄,共图强吴挫楚大业。此时由他出面罗致军事家孙武不是没有可能。

《吴越春秋·阖闾内传》曰:"吴王登台向南风而啸,有顷而叹,群臣莫有晓王意者,子胥知王之不定,乃荐孙子于王。孙子,吴人也,善为兵法,辟隐幽居,世人莫知其能。"(《艺文类聚·治政部》所引略同)

《吴越春秋》中的这段文字十分重要,它揭示了孙武在吴国被重视的过程。它说孙武是吴人,并早就隐居于吴,未必可靠,因为竹简《兵法·见吴王篇》中孙子对阖闾自称"外臣",说明其时孙武还是个"外国人"。但说孙武见吴王是由伍子胥推荐,却很有可能。伍子胥刚到吴国时,曾急于游说吴王僚发动侵楚战争,被当时的公子光(即后来的阖闾)制止。伍子胥看出公子光另有图谋,便暂时退隐下来,暗中招募死力之士,后来替公子光刺杀王僚的专诸就是伍子胥所罗致(事见《吴越春秋》卷三)。伍子胥对一个刺客尚且如此用心,像孙武这样的权谋家和军事家,更应该倾力招纳。《艺文类聚·治政部》引《吴越春秋》说"子胥明于识人,乃荐孙子",实是这段秘密的实录。至于说孙子是吴人,"辟隐幽居,世人莫知其能",也许是当时伍子胥编造的谎言。据《史记·伍子胥列传》载,伍子胥向来与齐国保持友好关系,在阖闾之子夫差时代,他反对夫差攻击齐国,在出使齐国时还将儿子托嘱给齐国权臣鲍牧,这其中也许就有孙武介绍的原因。伍子胥招孙武,完全是出于获得齐国先进的军事技术和战争谋略的考虑,而齐国向吴国派遣孙武,与公元前 584 年晋国派遣"楚之亡臣"申公巫臣使吴的用意——"教之乘车,教之战阵,教之叛楚"(《左传》)相同,以便牵制虎视眈眈、时刻不忘问鼎中原的楚国。

孙武也许正是带着齐国的使命来到吴国的。在孙子看来,齐国"四族"内争,晋国"六卿"专政,鲁国"三桓"擅权,这些当年风光一时、称霸一世的北方诸侯,困于大夫强卿的内扰,已步入了它们衰弱的暮年。他们面对日寻干戈、争霸中原的楚国,已是无计可施。只有南边的吴国还是朝气蓬勃的国家,它已脱离蒙昧状态,正吸收中原先进的生产技术和军事技术,日益强大起来。吴国东限于海,北阻于江,要争取更大的生存空间,只有向南边的越和西边的楚开拓。越国在越王勾践之前,一直是吴国的附庸。故吴国有力量对付楚国。孙武欲寻求用武之地,吴国成了唯一理想的选择。

公元前515年,吴国公子光杀王僚自立,是为阖闾(又作"阖庐",竹简作"盖庐")。次年,即阖闾元年,孙武大概在此时带着所著《兵法》十三篇来到了吴国,得到伍子胥的推荐。汉简《孙子兵法》下编有《见吴王》一篇残简,说阖闾屈驾往见孙武于"孙子之馆",篇中孙武自称"外臣",描述的就是孙武初见吴王的情景。"孙子之馆"即孙子刚到吴国所住的旅馆。阖闾对孙子说:"我好兵,先生可以为我演示一番吗?"孙武说:"兵,利也,非好也;兵,□□,非戏也。君王以好与戏问之,外臣不敢对。"这番回答与《孙子兵法》首篇"兵者,国之大事,死生之地,存亡之道,不可不察也"的慎战思想是一致的。吴王致歉道:"我不知道这么高深的道理。"但吴王还是请孙武给他演示一番。孙武说:"唯君王之所欲,以贵者可也,贱者可也,妇人可也。"于是,就发生了众所周知的孙武以宫女为阵、杀吴王爱妃的故事。竹简所载与司马迁《史记》所记相同,而且非常生动。演习的结果是"引而员(圆)之,员(圆)中规;引而方之,方中巨(矩)",达到了指挥唯命、举止中法的效果。于是,吴王以孙武为将,帮助他整军治旅,富国强兵。

吴王阖闾经常向孙武咨询军事问题。《吴越春秋》载吴王召孙子问以兵法,"每陈一篇,王不知口之称善"(《艺文类聚》引)。在《通典·兵典》中，至今还保留着多处"吴王问孙武"的资料；竹简《孙子兵法》下编中，也有《吴问》《见吴王》等记载孙武与吴王讨论兵法的内容。

孙武还具体参与军事管理。《史记·律书》载："吴用孙武申明军约，赏罚必信，卒伯（霸）诸侯，兼列邦土。"又说孙武参与制定军事管理法规，"虽不及三代之诰誓，然身宠君尊，当世显扬，可不谓荣焉？"

孙武除向吴王提供军事服务外，还随时提供国际咨询。竹简下编《吴问》载吴王问孙子："六将军分守晋国之地，孰先亡？孰固成？"六卿分晋是当时的国际新形势，预测六卿谁兴谁亡、谁是将来晋国的盟主，是吴国远交近攻之策所必须先知的。孙子根据六卿土地制度、赋税制度、主臣关系、大夫勤惰等情况，回答说："范、中行是（氏）先亡。""智是（氏）为次。""韩、巍（魏）为次。赵毋失其故法，晋国归焉。"果然，二十年后，赵鞅围攻范、中行，进而灭之。其后，韩、赵、魏又败智伯于晋阳，其时距孙武做出预测时已六十余年，可见其预见是何等准确！其后，赵氏长期为晋国执政大臣，战国初年与韩、魏同立为诸侯。只是由于秦国的崛起，韩、赵、魏次第被剪灭，孙武"晋国归焉（赵）"的预言没有实现。不过赵国一度成为战国前期最强大的国家之一，孙武对它另眼相看不无道理。真正的军事家往往也是国际战略学家和神奇的预言家，孙子并非徒有虚名。

孙子与伍子胥共同辅佐吴王阖闾、吴王夫差两代君王，富国强兵，称霸一时：三十年间，吴国南败越国，使勾践系颈称臣；西"以三万破楚二十万"（《新序》），攻入郢都，鞭楚平王之尸；北威逼齐、鲁，泗上十二诸侯莫不宾服；大会黄池，与晋国争长！

吴国由蛮夷之国，一跃成为继齐国、晋国之后的一代霸主，实是孙子和伍子胥辅佐之功。因此司马迁说"阖闾知孙子能用兵，卒以为将，西破强楚，入郢，北威齐晋，显名诸侯，孙子与有力焉"（《史记·孙子吴起列传》），又说"当是时，吴以伍子胥、孙武之谋，西破强楚，北威齐、晋，南服越人"(《史记·伍子胥列传》)，岂虚语哉！吴国霸业的建立，虽然不能说就是孙子一人的功劳，但对于草昧初开的吴国来说，孙子和伍子胥优异的军事理论和奇幻的战术所起的作用，是非常关键的，不可低估。

可是，《左传》叙述吴国战绩，每每只称"伍员"，而不及孙子，因此有人怀疑孙武没有当过阖闾的将军，甚至有人说"不知孙武为何代人"。其实，这种怀疑是没有必要的。当时，伍子胥为将并且执政，孙武只言兵法而未受吴国官职，所以事成后功归于子胥。伍子胥和孙武都来自别国，《越绝书》却只称孙子为"吴王客"，就说明了这一点。论奇计谋略，以孙武居多；而讲具体实施，则以伍子胥为主。换言之，孙武是军事理论家，伍子胥是军事实践家。汉人王充说"韩非著书，李斯取以言事"，孙武和伍子胥的关系也与之相似。

历史上，有人曾对孙武提出过批评。苏洵说："《孙武十三篇》，兵家举以为师。然以吾评之，其言兵之雄乎？今其书，论奇权密机，出入神鬼，自古以兵著书者罕所及。以是而揣其为人，必谓有应敌无穷之才。不知武用兵乃不能必克，与书所言远甚。吴王阖庐之入郢也，武为将军，及秦、楚交败其兵，越王入践其国，外祸内患，一旦迭发，吴王奔走，自救不暇。武殊无一谋以弭斯乱。"(《嘉祐集·权书·孙武》)其实，能够做到言之有余、用之无穷的全才、天才，在历史上极为罕见。而长于理论、短于实践，长于言、短于行者，自古及今，并不少见。我们没有必要求全古人。况且苏洵列举的失败教训，责任不在孙武。当时，吴王阖闾、夫差都喜功好战，伍子胥更是报仇心切。吴师入郢，鞭平王之尸，加深了楚国军民的反抗决心；吴军久暴师于外，使秦人有机会出兵支援楚国，加大了吴国彻底战胜楚国的阻力。这些都有违孙武"兵贵拙速"和"其次伐交"的军事思想。这只是伍子胥、阖闾未能切实贯彻孙子战略思想的结果，而不能算在孙子的账上。伍子胥对申包胥说"日暮途穷，倒行逆施"，正是他们不执行孙武"速战速决"之策的道白。《淮南子》所载"君臣乖心,则孙武不能以应敌",正是对当时吴王阖闾不听孙武劝告的记录。

关于吴国速亡的原因,前人也有论述。李克认为吴国亡于夫差的穷兵黩武和骄傲自满:"魏文侯问李克曰:'吴之所以亡者,何也?'李克曰:'数战胜。'文侯曰:'数战则民疲,数胜则主骄。以骄主治疲民,此其所以亡也。是故好战穷兵,未有不亡者也。'"王子维则认为吴国亡于夫差的鄙吝:"赵襄子问于王子维曰:'吴之所以亡者,何也?'对曰:'吴君吝而不忍。'襄子曰:'宜哉,吴之亡也。吝则不能赏贤,不忍则不能罚奸。贤者不赏,有罪不能罚,不亡何待?'"(参见刘向《新序》卷五)虽然李克、王子维都不免将问题简单化,但都没有归罪于孙武。

公元前489年,伍子胥被夫差赐死。孙武的晚年事迹则不详。唐代名将李靖曰:"若张良、范蠡、孙武,脱然高引,不知所往,此非知道,安能尔(如此)乎?"(《李卫公问对》卷下)这就是说,孙武与范蠡、张良一样,功成身退,世人"不知所往"了。可能在帮助吴国阖闾、夫差两代君王打败楚越、称霸中原后,孙武即归隐林泉,放浪江湖。他的离世,大概在越王勾践打败吴国前后,即公元前478年左右。孙子卒,葬于吴,《越绝书》卷二载,吴县"巫门外大冢,吴王客孙武冢也,去县十里"。

据《新唐书》和《姓氏书辨证》载,孙武有驰、明、敌三子,明食采于富春,生膑,即破魏军擒太子申者也。孙膑是著名军事家,《史记·孙子吴起列传》载:"孙武既死,后百余岁有孙膑。膑生阿、鄄之间。膑亦孙武之后世子孙也。"孙膑主要活动于公元前4世纪中后期,距孙武离世已百余年(《史记》说他是孙武孙辈,可能在世次上有误)。阿即东阿,鄄即鄄城,在今山东省西南部,当时属于齐国。孙膑在那里出生,可见孙子死后,其后世子孙有返回齐国定居的。

孙子比孔子稍后,同生活于春秋末期。如下文我们即将看到的那样,孙武所著《孙子兵法》,在理论上对战争谋略进行了全面系统的论述,通篇充满辩证的思想和智慧的光芒。在孙子的笔下,战争不再是战争狂人个人意志的随意发挥,而是正义和非正义的较量;战争不再是纯粹的刀枪、棍棒等强力的拼斗,而是智慧、权变的竞争。战争成了维护正义的手段,也成了竞智的艺术。古来言兵之家无数,独以孙子所著最优。曹操曰:"吾观兵书多矣,孙武所著深矣。"(《孙子序》)唐太宗曰:"朕观兵书,无出孙武。"(《李卫公问对》卷中)如果说孔子是当时对人生、社会从道德伦理、个性修养方面进行思考的一代圣人的话,孙子就是对清除社会机体痈疽必不可少的最高形式——战争,做出理性思考的一代伟人。孙子与孔子同是对世界文明做出重要贡献的伟大人物,是百世受益、万世所师的圣贤。

第二章 兵经《孙子兵法》

　　《孙子兵法》是中国古代最杰出的军事著作,也是第一部有确切作者的兵书,对中国乃至世界军事学说产生了深远影响,被奉为"兵经"和"兵学圣典"。但是,由于历史久远、资料缺乏,关于《孙子兵法》的许多问题一时难以弄清楚,因此出现了许多争议,造成了《孙子兵法》研究的混乱局面。对这些问题,今天仍有澄清的必要。

一、《孙子兵法》的作者是孙武吗

　　《孙子兵法》的作者是孙武,这在历史上本来没有问题。《荀子·议兵》曰"孙、吴用之无敌于天下",此言孙武、吴起善用奇兵;《韩非子·五蠹》曰"境内皆言兵,藏孙、吴之书者家有之",此言孙武、吴起都著有兵书,并广泛被民间"言兵"之家所收藏。

　　司马迁《史记》载:"(孙子)以《兵法》见于吴王阖闾,阖闾曰:'子之十三篇,吾尽观之矣。'"卷末又说:"世俗所称师旅,皆道《孙子》十三篇、《吴起兵法》,世多有,故勿论。"相同的记载还见于出土竹简《孙子兵法》,下编遗简一则曰:"若□十三扁(篇)所……""〔十〕三扁(篇)所明道言功也"。两处的"十三扁",都与《史记》同指,即《孙子兵法》十三篇。今传《孙子兵法》十三篇就是这个系统。

　　汉初,张良、韩信皆习兵书,其中就有《孙子兵法》。唐朝名将李靖说:"张良所学,太公《六韬》《三略》是也;韩信所学,穰苴、孙武是也。"(《李卫公问对》卷上)其后,汉武帝见爱将霍去病不好古籍,"尝欲教之孙、吴《兵法》"(《汉书·霍去病传》)。可见,自先秦至西汉,孙子著

《兵法》十三篇之事并无疑议,且世人多习之,言之凿凿,不应有诬。

西汉成帝时,刘向、刘歆父子先后领校群籍,步兵校尉任宏校兵书,刘向撰著《别录》,其中就有关于整理《孙子兵法》的记载:"孙子书以杀青,简编以缥丝绳。"(姚振宗《隋书经籍志考证》引)。任宏还对各家兵书进行归类,分为"兵权谋、兵形势、兵技巧、兵阴阳"四类,兵家称之为"四种"。《汉书·艺文志》:"至于孝成,命任宏论次兵书为四种。"《李卫公问对》卷上:"靖曰:汉任宏所论是也。凡兵家者流,权谋为一种,形势为一种,及阴阳、技巧二种,此四种也。"世人多认为"四种"之分是班固因袭刘歆《七略》,殊不知刘歆亦有因袭,兵书"四种"的分法,应是任宏首创。刘歆撰《七略·兵书略》用其例,以"四种"著录古今兵书,班固《汉书·艺文志》又因袭之。《孙子兵法》被著录在"兵书略"中的"权谋类"。

班固著录有两部名为"孙子"的兵书,一是"《吴孙子兵法》八十二篇,图九卷",二是"《齐孙子》八十九篇,图四卷"。颜师古于"吴孙子"下注:"孙武也,臣于阖庐。"于"齐孙子"下注:"孙膑。"

后人不知这种分别,遂产生了疑问:首先,孙武的《吴孙子兵法》在卷数上与《史记》所称"十三篇"不合,怎么后出转多呢? 其次,孙膑的《齐孙子》后已不传,《史记》明明说"孙子膑脚,而论兵法"(《太史公自序》),《汉书》也说"孙子膑脚,兵法修列",怎么会一点踪迹都看不到呢? 于是有人就"大胆设想"了。

南宋的叶适首先质疑,他在《习学记言》卷46"孙子"条提出五点怀疑:

第一,"按,司马迁称'《孙子》十三篇',两言之;而班固志《艺文》,乃言《吴孙子兵法》八十二篇","然时迁已称十三篇,而刘歆、班固在其后,反著八十二篇"——《史记》《汉书》著录《孙子》篇数矛盾,有作伪的迹象。

第二,"迁载孙武齐人而用于吴,在阖闾时,破楚入郢,为大将,按

《左氏》无孙武","武功章灼如此,乃更阙略? 又同时伍员、伯嚭,一一铨次,乃独不及武耶?"——《左传》不载孙武,有史无其人的可能。

第三,"详味《孙子》,与《管子》《六韬》《越语》相出入"——内容与《管子》《六韬》《越语》相似,可能不是孙武所作。

第四,"自周之盛至春秋,凡将军者必与闻国政,未有特将于外者,六国时此制始改。吴虽蛮夷,而武为大将,乃不为命卿,而《左氏》无传焉,可乎?"——当大将必参国政,孙武不参国政,必不是大将。

第五,"其言阖闾试以妇人,尤为奇险,不足信。且武自诡妇人可勒兵,然用百八十人为二队,是何阵法?"——阵法不经,有不知兵之嫌。

叶适的结论是今传《兵法》乃"春秋末战国初处士所为,其言得用于吴者,其徒夸大之说也","故凡谓穰苴、孙武者,皆辩士妄相标指,非事实也"。他认为《孙子兵法》不是孙武所写,而是春秋末战国初年的山林处士的"假冒作品"。

其实,以上五点可以说是疑问,但不能作为否认《孙子兵法》的证据。在疑古风盛行的时候,人们习惯以疑问当证据,宁肯错杀一千,也不轻信一个。于是异口同声、前呼后应者,不乏其人。南宋陈振孙《直斋书录解题》说:"其事不见于《春秋传》,不知其果何代人也?"姚际恒著《古今伪书考》,同意叶适说法。清人全祖望、姚鼐也承袭此论,在成书时代上比叶氏推得更晚,认为"春秋大国用兵不过百乘,未有兴师十万者",而《孙子兵法》屡言"兴师十万",这不是春秋时人孙武所能见到的。还有人说,《孙子兵法》不仅所讲战争规模较大,还讲到了用骑兵作战,很像战国时期的作品。有人甚至不顾《汉书·艺文志》将《吴孙子兵法》与《齐孙子》分别著录的事实,认为今传《孙子兵法》是战国军事家孙膑所作,历史上压根就没有孙武其人!

1973 年山东银雀山汉墓竹简的发掘,澄清了这一众说纷纭的历史疑案。银雀山竹简中,不仅有《吴孙子》,而且有《齐孙子》《六韬》《尉缭子》。特别是《齐孙子》的出土,不仅使失传一千七百多年的《孙膑兵法》重新与世人相见,而且证明它与《吴孙子》确实是两部著作。虽然二者在内容上有明显的继承关系,但这只能证明孙膑是孙武后裔,其学说源于孙武。将吴、齐两《孙子》混淆为一显然是错误的。

前人在不知汉简遗编的情况下,对古人和古籍的真实性产生疑问是可以理解的,但是本着求实的精神,还是有必要对前人关于《孙子兵法》的疑问进行重新思考。叶氏五疑中,关于篇章多寡的问题,后文将专门讨论,这里先解释一下其他几点疑问。

其一,《左传》无孙子,并不能证明孙子不存在,因为春秋二百四十二年间,重要人物失载者不止孙子一人。其二,《孙子》与《管子》《六韬》《越语》相似虽是事实,但谁影响谁很难断定。《管子》《六韬》出于齐,《越语》也是根据吴越史料所撰,皆与孙武生平活动的地域有关,因此这几部著作彼此影响、互有雷同,不足为奇。其三,将可为卿,将可预政,这是事实,但并非必然如此。《越绝书》卷二称孙武为"吴王客",清人毕以珣曰:"武惟客卿,故《春秋左传》言伍员而不详孙武也。"严可均说:"武,齐人,避乱奔吴,阖闾以为客将军。"(《全三代文》卷五)"客""客卿""客将军",表明孙武不是吴国的正式官员,当然没有做卿相。其四,孙武以妇人为兵,本权宜之计,何必限于定员?以此责难孙武,正是不知兵家机变的表现。

还有春秋时期战争规模的问题,既然《论语》中有"千乘之邑""百乘之家",怎么就不可能有千乘之战呢?《左传》载"城濮之战"晋国出兵七百乘,"鞍之战"晋国出兵八百乘。《李卫公问对》卷上:"周一乘步卒七十二人,甲士三人。以二十五人为一甲,凡三甲,共七十五人。"此春秋中晚期之事。孙子为春秋晚期人,所言自应是当时制度。以此标准计,八百乘,则有众六万人。再加上转饷运粮的后勤人员和与国附庸的军队,"十万之众"并不算多。据陈恩林先生考证,春秋中期后,楚国的总兵力已达到六七千乘(《先秦军事制度研究》),即使以春秋早期每乘三十人计，楚国兵力也在二十万左右。可见，春秋末年发动十万之众的战争，并不是不可能的。将孙武祖父置于死地的"艾陵之战"，吴人以缴获齐军的"革车八百乘、甲首三千"献给鲁哀公。仅俘获的革车就有八百乘，齐国参战的军士，必不止六万人。由此看来，十万人的战争在春秋时期不仅是可能的，而且并不少见。

骑兵，依传统看法，当始于赵武灵王"胡服骑射"。但通过考古材料和古文字研究，石璋如、于省吾等先生认为，骑术早在殷商时期就有了。《易·屯卦》有"屯如邅如，乘马班如"之说。《韩非子·十过》说秦穆公以"革车五百乘、畴骑二千、步卒五万，辅重耳入之于晋"。"畴骑"一词颇为费解，但与"革车""步卒"对举，"畴骑"显为一个兵种。即使保守点说，春秋时期"有传递信息的单骑则绝无问题"（《先秦军事制度研究》）。骑术既然已用于战争，很难想象在千里争利、出奇制胜的鏖战中，聪明的将军会把灵便神速的轻骑拒于战场之外。

可见，叶适五疑不足以动摇《孙子兵法》为孙武所著的说法，其他人从战争规模、使用骑兵等角度加以责难，也不能否定《孙子兵法》是春秋末期孙武所著的事实。

二、"十三篇"与"八十二篇"

《孙子兵法》篇章前后异数，亦有原因。阖闾和司马迁说《孙子》"十三篇"，是其早年所著并持以进见吴王者，《汉书》所著录"八十二篇"，则掺有以后的作品。

《史记正义》云："《七录》云《孙子兵法》三卷。案：十三篇为上卷，又有中下二卷。"《七录》，南朝梁处士阮孝绪所作；"案"语，唐朝张守节作《正义》时所加。可见《汉书》所载八十二篇本，至唐代犹存。八十二篇共分三卷，上卷即《史记》所记的"十三篇"。也就是说，十三篇《孙子兵法》与八十二篇《兵法》是一本书，二者是局部和整体的关系。

多出的中、下二卷六十九篇，情况比较复杂。孙星衍《孙子兵法序》说：

> 其著兵书八十二篇、图九卷，见《艺文志》。其图"八陈"，有"革车"之陈，见《周官》郑注。有《算经》，今存。有《杂占》《六甲兵法》，见《隋志》。其与吴王问答，见于《吴越春秋》诸书者甚多，或即八十二篇之文。

据此可知，八十二篇《兵法》，除了《孙子》十三篇外，还有阵图、《算经》、"答吴王问"等材料。

章学诚《校雠通义·内篇三》又说："盖十三篇为经语，故进于阖间。其余当是法度名数，有如形势、阴阳、技巧之类，不尽属于议论文词，故编于中、下，而为后世亡逸者也。十三篇之自为一书，在阖间时已然，而《汉志》仅记八十二篇之总数，此其所以益滋后人之惑矣。"

章氏说"十三篇"是军事理论著作，是"经语"；除"经语"外，《兵法》中还有兵形势、兵阴阳、兵技巧的内容。其说甚是。《汉书·艺文志》说"权谋者，以正守国，以奇用兵，先计而后战，兼形势，包阴阳，用技巧者也"，说明权谋家兼包权谋、形势、阴阳、技巧四种内容，章氏之说是有依据的。汉代任宏整理兵书，刘向《别录》、刘歆《七略》、班固《艺文志》，都是根据任宏的材料，《艺文志》对权谋家的界说，必是任宏旧语。任宏在整理兵书时，亲见《孙子兵法》八十二篇，发出此语，自然可信。班固时，《兵法》全书尚存，固因袭此文，必有所见。可见，"十三篇"主要讲权谋，即军事理论，"八十二篇"则兼包权谋、形势、阴阳、技巧。换言之，"十三篇"是军事理论资料，其余诸篇则是军事技术资料（也不排除后人关于孙武军事活动的记录）。

"十三篇"固然是孙子的著作，"八十二篇"同样可视为孙子的作品，也是研究孙子军事思想和军事实践的宝贵资料。其中的区别在于，"十三篇"是他早年的作品，出于亲手纂定，因此最为精粹。其余各篇则未必都经他亲手校定，因而比较芜杂。战国、西汉时期，"十三篇"流传最广，所以司马迁说《孙子兵法》十三篇"世多有"。其他篇章就不是家喻户晓了,它们与"十三篇"编在一处,应该与汉初"张良、韩信序次兵法"(《汉书·艺文志》)或汉成帝时步兵校尉任宏受命整理兵书有关。

曹操析出"十三篇"、刊落余篇后,这些材料与"十三篇"分离,有的被后人改编,冠以新的书名,有的则逐渐散佚,最终失传了。

三、《孙子兵法》是怎样一部书

吴王阖闾曰:"十三篇所明道言功也。"(竹简《兵法》残简)明道,即讲明军事原理;言功,即分析制胜方法。《孙子兵法》正是一部讲军事哲学和军事理论的著作。《汉书·艺文志》将它列在"兵权谋"家,是完全合适的。

《孙子兵法》十三篇,即《计篇》《作战篇》《谋攻篇》《形篇》《势篇》《虚实篇》《军争篇》《九变篇》《行军篇》《地形篇》《九地篇》《火攻篇》《用间篇》。其内容主要讨论战争谋略,涉及作战原则、制胜条件和取胜技巧等问题:

在作战原则上,主张以有道御无道,以正义制不义,国家至上,生民至上。

在制胜条件上,主张强己备战,"先为不可胜,以待敌之可胜"。

《孙子兵法》的主要内容是讨论作战谋略和技巧。书中提出了许多精辟的命题,诸如"知彼知己者,百战不殆""避实击虚""多方以误之""我专而敌分""因敌而制胜""避其锐气,击其惰归""攻其无备,出其不意""形人而我无形""有虞待无虞"等。它的核心理论,共有三条:一是"奇正",二是"神变",三是"虚实"。

奇正,即常规与非常规,又可以称为"常道"和"非常道"。正确运用常道与非常道,大可以以正治国,以奇用兵;小可以以正交兵,以奇取胜。此外,孙子还强调"奇正相生",认为以正生奇,以奇生正,奇正相生,变化无穷,可以应付各种敌情,在战场上占据主动权。

神变，即因时制宜、随时应变。"兵无常势、水无常形，能因敌变化而取胜者，谓之神"，"奇正之变，不可胜穷也"。

虚实，指的是调整敌我力量对比关系。变虚为实，变实为虚，避实就虚，以实击虚，亦虚亦实，实实虚虚，最终达到以己之实攻敌之虚的效果，从而战胜敌人。

奇正，是正己制敌之道；神变，是因敌制胜之术；虚实，是强我弱敌之权。数法齐用，循环相生，就可应变于无穷。学习《孙子兵法》，如果善于领会奇正、神变、虚实之意，不仅可以治军胜敌，而且可以治国平天下。普通人也可用以治身应变，立于不败之地。

《孙子兵法》的第一个注本，是曹操注本。现在最流行的版本是十家注本，是宋人辑录自三国曹操至宋代最有代表性的十家注而成，相当于集解。宋代又有郑友贤读十家注，发明其中遗义隐意，撰《孙子拾遗》一卷，也很有参考价值。

从事《孙子兵法》研究，还可参考杜佑《通典·兵典》。其中有关于"十三篇"的阐释，更有"十三篇"之外的材料，在"八十二篇"本已经散佚的情况下，《兵典》所引弥足珍贵。

关于孙武的其他遗文遗说，毕以珣《孙子叙录》、严可均《全三代文·孙子编》、王仁俊《经籍佚文·孙子佚文》等有详尽的辑录，有兴趣的读者可以参考。

《孙子兵法》揭示了许多人类战争的共同特点，发散着真理的光芒，对现代军事理论的建设和发展仍具有重大的借鉴意义，已成为全世界人民共同的财富。长期以来，《孙子兵法》被译成英、日、俄、法、德、意、捷等十多种文字，在国际上享有盛名。一些国家掀起了学习和研究《孙子兵法》的热潮，其中尤以美、俄、英、法、日、德等国兴趣最浓，也受惠最深。

日本是国外最早研究和翻译《孙子兵法》的国家，日本人十分推崇《孙子兵法》，虔诚地称孙子为"百世兵家之师""东方兵圣"。相传早在中国唐朝时期，日本学者吉备真备（约 694—775）就已将《孙子兵法》传到日本，从此开启了东瀛学人对这部兵学名著的研究。在日本，《孙子兵法》的注本很多，大有与我国媲美之势。围绕《孙子兵法》还形成了"北条""山鹿"等兵学派别。日本学者自觉地研习和阐发《孙子兵法》，他们的许多军事著作，都以《孙子》为理论基础和指导思想。

1772 年，法国传教士将《孙子兵法》译成《中国之军事艺术》，使其在欧洲流传，从此"东方兵圣"孙子逐渐走向世界，成为"世界兵圣"。人们认真学习孙子的机变和智慧，并将其广泛运用于军事以外的领域。《孙子兵法》已不单是兵家经典，也成为人生智慧的"启示录"。

美军国防大学将《孙子兵法》列为将军主修战略学的第一课，美国将军的摇篮——西点陆军学校、印第安纳波利斯海军学院、科罗拉多空军学院、国防指挥参谋学院等著名军事院校，都将《孙子兵法》列为学员的必修课。

在俄罗斯，《孙子兵法》是俄国军政领导人的必读之书。

美国前参谋长联席会议主席鲍威尔曾说："《孙子兵法》实乃世界军事史上的一部力作。它不但在中国，而且对当今世界都产生了巨大的影响。"这句话恰如其分地说明了《孙子兵法》在世界文化史上的影响和地位。

第三章　慎战

——关于战争的忠告

　　战争是痛苦的，但又是不可避免的。战争是"祸水"，但又离它不得！战争就是这样一种令人害怕、令人心惊肉跳的"怪物"。人们对它欲说还休，但又免不了欲休还说。那么，中国古代的圣贤又是怎样看待战争的呢？

一、百家论兵

　　战争是人类社会的一大主题，战争在历史上的反复出现，几乎如日月代兴、四时循环一样普遍。人类历史在很大程度上可以称为"从战争走向文明的历史"。战争几乎与人类文明同时产生，也一直同人类文明相伴相随。《左传》说："国之大事在祀与戎。""祀"即文明的礼治，"戎"即武力之较量。礼治与武力，始终是国家机器的两大功能。

　　战争又是残酷与暴力的集中表现，它以杀伤为手段，以战胜对手为目的。人类早期为起码的生存条件而战，接着又为更好的生存条件而战。中国在进入春秋战国时期后，战争规模越来越大，残酷程度愈演愈烈："争地以战，杀人盈野；争城以战，杀人盈城"（《孟子》），"攻伐无罪之国，入其国家边境，芟刈其禾稼，斩其树木，隳其城郭，以湮其沟池，攘杀其牲牷，燔燎其祖庙，劲杀其万民，覆其老弱，迁其重器"（《墨子》）……战争造成人民生命财产和物质财富的极大浪费和空前破坏！战争成了罪恶与痛苦的渊源！

　　面对战争这个人类自己发明，而又可能使人类自我毁灭的"怪物"，人们困扰不已。比孙武年长的老子曰："夫佳（唯）兵者，不祥之器也。"他又说："以道佐人主者，不以兵强天下。其事好还，师之所处，荆棘生焉；大军之后，必有凶年。"于是，老子追求一种没有战争、以无为之道治天下的生活："天下有道，却走马以粪；天下无道，戎马生于郊。"同时，老子又说："乐杀人者，不可得志于天下！"

与孙武同时期的墨子，是诸子中反对战争最彻底的。他对战争深恶痛绝，认为战争"上不中天之利，中不中鬼之利，下不中人之利"，从事战争"为天下之害厚矣！"对历史上战争狂人乐此不疲的行为，墨子深表不满："王公大人乐而行之，则此乐贼灭天下之万民也，岂不悖哉！"（《墨子·非攻下》）墨子竭力主张"非攻""非斗"。

但是，战争又是历史上不可避免的悲剧。即使是被儒家描绘得有声有色的汤武革命，也不能不以"血流漂杵"的手段解决问题。战争只有义不义的问题，没有要不要的问题，所以《吕氏春秋·荡兵》中说："古圣人有义兵而无偃兵。"暴人以战争来谋财害命，攻击攘夺；而圣贤用战争来除残去暴，行仁讲义。虽然目的不同，但手段是相同的，那就是战争！

《易》卦六十四，以"师"言兵；《尚书·洪范》八政，其八曰"师"；《周礼》有大司马之职，"六礼"有军戎之礼……可见"兵"的重要性。尽管老子诅咒"兵"为"不祥之器"，但是面对"无道"的时局，他还是承认可以"不得已而用之"，只要做到"胜而不美"，不"乐杀人"即可。

与孙武同时期的孔子，对战争也做了思考。《论语》中说"子所慎：斋、战、疾"，可见孔子对于战争采取审慎态度。一方面，他反对侵略战争的不义行为，也反对战争至上的战争狂人，主张"远人不服，则修文德以来之"。所以鲁国执政季孙氏侵略颛臾，孔子说他将祸起萧墙；卫灵公请问兵事，孔子拒绝回答，愤然离去。另一方面，孔子也不主张绝对地废弃军事，而是强调武备，以为"有文事者必有武备"。他主张"足食足兵"，赞赏反侵略战争，称赞"能执干戈以卫社稷"的英雄死而不朽！

后之儒者继承孔子的"慎战"思想，多能辩证地看待战争。荀子讲礼乐，亦著《议兵》专篇，认为进行正义战争是有必要的："仁者爱人，故恶人之害之也；义者循理，故恶人之乱之也。故兵者所以禁暴除害也。"他主张以战争来"禁暴除害"，用战争维护社会肌体的健康。孟子讲仁义，也没忘记要"以天下之所顺，攻亲戚之所叛，故君子有不战，战必胜矣！"至于《诗经》《尚书》《左传》《国语》对正义之战、仁义之师的歌颂，更是累简盈篇。世之迁者以为"儒者不言兵"，岂其然哉！

墨、儒、道的战争观既如此，中国兵家又是怎样看待的呢？

"兵家者，盖出古司马之职，王官之武备也。"（《汉书·艺文志》）据班固的这一说法，兵家出于古代掌军礼的大司马之官，主管"王官之武备"，自然不会反对武备和进行必要的战争。所以《六韬·文韬·兵道》曰："圣王号兵为凶道，不得已而用之。"《司马法·仁本》曰："是故杀人安人，杀之可也；攻其国爱其民，攻之可也。以战止战，虽战可也！"

不过细心的读者肯定已经发现，中国古代的兵家是理智的兵家，而不是嗜血的战争狂人。他们进行战争不是有意为之，更不是率意为之，而是"不得已而用之"。战争的目的应该是"安人""爱民""以战去战"，是将人民被暴君污吏剥夺了的生存权、幸福权夺回来，将人民失去了的自由权、自主权重新争取过来，也就是为爱民而战，为正义而战，亦即儒家所谓"吊民伐罪"。儒家认为仁义之师讨伐不义之国，一定会赢得本国人民的支持和敌国人民的欢迎。孟子说商汤"东面而征西夷怨，南面而征北狄怨"，《公羊传》说周公"东征西国怨，西征东国怨"，因为生活于水深火热中的人民希望"吊民伐罪"的义师早些到来。这一点，中国兵家与儒家无别，他们的理想也正是追求一种"仁征义战"。

二、孙武言兵

一代"兵圣"孙武的战争观是怎样的呢？孙子本不喜欢打仗，但有些仗又不能不打，于是他也与孔子一样，主张慎战，主张有条件地进行战争。

《孙子兵法》开宗明义即说："兵者，国之大事，死生之地，存亡之道，不可不察也。"（《计篇》。下引《孙子兵法》只注篇名）这表现出孙子对战争谨慎的态度，与孔子思想相类。

战争要不是有利就不要进行，战争要是可以避免就尽量避免。孙子说："非利不动，非得不用，非危不战。"（《火攻篇》）他奉劝统治者不要以一己之喜怒擅开战端："主不可以怒而兴师，将不可以愠而致战。"因为怒可以复喜，愠可以复悦，因战争牺牲了的人却不能再生，灭亡了的国家也不能复存。因此，他提请"明君慎之，良将警之"，认为这是"安国全军之道"（《火攻篇》）。

其次，孙武在战前进行利弊思考时，提出了"五事""七计"（具体内容详后篇），五事"一曰道"，七计第一项是"主孰有道"。可见，孙子将是否有"道"，作为能否进行战争、能否克敌制胜的首要条件。"道"居于"五事""七计"之首，具有首要的、决定性的意义。

什么是"道"呢？孙子的解释是："道者，令民与上同意也，故可以与之死，可以与之生，而不畏危。"这个"道"乃正义之道、仁义之道，能使人民与统治者同心同德，也就是能奉行利民惠民之政、能行博施济众之策的善政。换言之，是否实行仁道善政，是决定战争义与不义、胜与负的首要因素。

五事第四为"将"，七计第二项为"将孰有能"。将之"能"以什么为内容？曰："将者，智、信、仁、勇、严也。"严，是就治军纪律而言的。智、信、仁、勇，是将军的道德素质，与儒家"三达德"（仁、智、勇）和"五常"（仁、义、礼、智、信）没有大的区别。

孙子以有道治国、以仁义治军的思想对后来兵家影响至深。

《司马法·严位》曰：

> 凡民以仁救，以义战，以智决，以勇斗，以信专，以利劝，以功胜。

这段话大意是：用"仁"的情感使人民互相救助，用"义"的原则来激励战士战斗，用"智"的识力来决断战机，用"信"的称誉来凝聚战士的信心，用"利"的实惠来鼓舞战士的斗志，用立"功"的荣誉来鼓励战士争取胜利。

《吴子·图国》曰：

> 夫道者，所以反本复始；义者，所以行事立功；谋者，所以违害就利；要（要约，即礼制）者，所以保业守成。

这段话大意是："道"足以使人民返回淳朴天真的状态，"义"可以发动人民作战立功，"谋"可以教会人民趋利避害，"要"（礼制）可以使人民安业乐成。

《尉缭子·战威》曰：

> 凡兵有以道胜，有以威胜，有以力胜。讲武料敌，使敌之气先失而师散，虽形全而不为之用，此道胜也。审法制，明赏罚，便器用，使民有必战之心，此威胜也。破军杀将，乘闉发机，溃众夺地，成功乃返，此力胜也。

这段话大意是：胜军有三种，讲习武事，判断敌情，使敌人失气丧色，取胜于交兵之先，这是"道胜"；赏罚严明，使民必战以取胜，这是"威胜"；硬打硬拼，争城夺地以取胜，这是"力胜"。三胜之中，以道胜最高，故居首位。

《司马法》（即《司马穰苴兵法》）、《吴子》、《尉缭子》是古代七大武经中的三部，它们都是在《孙子兵法》之后出现的兵学名著。在理论上，它们与《孙子兵法》一样，都强调进行有道的战争，主张用仁、义、礼、智、信、勇、严等道德观念来治理军队。这些无疑都是受到《孙子兵法》的影响，从而形成中国兵家重视正义和伦理的传统特点。

　　孙武以及后世兵家讨论战争，与儒家一样有"慎战"思想。在计较决胜条件时，他们把正义和道德伦常作为重要的制胜因素，这与儒家提倡的"达德""五常"有相通之处。儒者、兵家都主张举仁义之师，行正义之战，这是中华民族相承数千年的优良传统。这一点，是我们读《孙子兵法》时首先要明白的。

　　当然，有时兵家讲仁义等道德伦理，带有一定的权谋性质。巧妙运用人们普遍接受的道德观念来争取战争的胜利，这也是以孙武为代表的兵家的智慧。

第四章　庙堂决胜

——临战前的计较

一、先计而后行

成大事者必三思而后行,举大兵者当先计而后动。不思而行,将一事无成;不计而战,必取败无疑。孙子是兵家权谋派,以计谋见长,故其《兵法》首篇即《计篇》。《计篇》是《孙子兵法》全书的纲领,它表明了孙子"慎战"的思想和孙子政治、军事的基本观点,勾勒了孙子战略战术的基本构想,所以我们首先对该篇进行专门讨论。

孙子认为战争事关人民生死、国家存亡,在举兵前应该慎重考虑,这就是"计",即权谋。他要求统治者临战时不要盲目采取行动,应该临战而计、计而后动。战前,君臣要在庙堂上将利害权衡好,将战略部署好,这就是"庙算"。《尉缭子·战威》说:"刑未加,兵未接,而所以夺敌者五:一曰庙胜之论……"料敌而后动,有未战夺敌之势,这正是发展了孙子的"庙算"思想。

"计"有二义:

其一为计较,即权衡敌我双方的力量和各项条件,看谁的优势多。

其二是计谋,即根据双方条件,制定作战方案。

孙子曰:"上兵伐谋。"管子曰:"凡攻伐之为道也,计密定于内,然后兵出乎境。计未定而出兵,是则战之自毁也。"(《管子·七法》)他们所说的"谋""计",即今之所谓"作战方案"。

《孙子兵法·计篇》前半段讲计较,后半段讲计谋。

二、"五事"

思而后行,计而启动,关键是以什么内容来权衡利弊,用什么标准来计较胜负。如果内容不妥、标准不善,就会做出错误判断,得出错误结论,制定错误计谋,实施错误行动,计较的结果反而可能导致战争的失败。因此,在计较时,是否有全面正确的计较内容、客观准确的决计标准,就显得尤为重要。孙子提出了"五事""七计":"经(量度)之以五事,校(比较)之以计(七计)而索其情。一曰道,二曰天,三曰地,四曰将,五曰法。"

"五事"就是"道、天、地、将、法"。接着,孙子对"道、天、地、将、法"的具体内涵做了说明:"道者,令民与上同意也,故可以与之死,可以与之生,而不畏危。"有道,即可使上下同志、三军一心,为道义而战,视死如归。

"天者,阴阳、寒暑、时制也。""天"是指天气阴晴、气候变化的条件,即孟子所说的"天时"。春秋不兴师,恐妨农也;冬夏不振旅,恐害众也。冬不北伐,暑不南征,因气候不利而恐伤众也。

"地者,远近、险易、广狭、死生也。""地"即地理条件,孟子谓之"地利"。汉简本《兵法》中这一句多"高下"一项。作战时应充分考虑地理条件,远者宜缓,近者宜速,险地宜用步兵,易地宜用车骑,地广宜用大兵,地狭宜用精兵,地高不宜仰攻,地下不宜处军,死地宜战,生地宜守,等等。

"将者,智、信、仁、勇、严也。""将"即将领、指挥员。"智"能谋划,"信"能赏罚,"仁"能附众,"勇"能果敢,"严"能立威。曹操称为"五德",亦即"将德"。

"法者,曲制、官道、主用也。""法"这里指军事制度、治军法规和调兵遣将、任才用人之术。

"五事"包含对参战各方制胜具有决定作用的主、客观条件，既全面又系统，充分而又必要。

三、"七计"

明白了战前计较的五大内容，要做出判断，还得有论断的标准。因此，孙子接着说："故校之以计而索其情，曰：主孰有道？将孰有能？天地孰得？法令孰行？兵众孰强？士卒孰练？赏罚孰明？"

"主孰有道"，对应"五事"中的"道"。得道多助，失道寡助；有道者胜，无道者败。虽然历史上真正的有道之君只有尧舜禹汤文武等少数人，但是在战争中，君主能按政治规律和军事规律办事，就能得人心、和将士，这也算"有道"。

"将孰有能"，对应"五事"中的"将"。将帅具有"智、信、仁、勇、严"五德，就可以百战不殆。有能胜无能，有才胜无才，不用多说。

"天地孰得"，是说谁占有天时地利，这是制胜的客观条件。管子曰："天时地利，其数多少，其要必出于计。"项羽灭秦之后，不趁机扫平各路诸侯以安天下，却留下各路人马，坐视其大，失去大好时机，是不得天时；又不居关中四塞之地，而东都彭城隅海之郡，无险可守，故四方诸侯一反，他便暴露在兵锋之下，此不得地利。所以项羽必败无疑！

"法令孰行"，是说谁可以令行禁止。鸣鼓而趋，闻金而退，进退得时，步调一致，"并敌一向，千里杀将"。若令乖行左，力量分散，虽百万之师，又有何用？

"兵众孰强"，是说谁的兵力更强。春秋时，齐桓公死力之士就有五万，晋文公前排冲锋的战士就有四万，秦穆公用于陷阵的战士有三万，楚国在春秋后期更有数十万兵力。这几个国家的兵力远远突破"大国三军（37500 人），次国二军（25000 人），小国一军（12500 人）"的旧制，相比其他国家具有绝对优势，所以能称霸诸侯。

"士卒孰练",是说谁的士卒训练有素。兵强不仅在"众",而且在"练"。知进退、识阵法、闻金鼓、辨旗帜、善使兵器、长于技击,是提高士兵素质、增强军队战斗力的根本保证。孔子也说过:"以不教民战,是谓弃之。"孙子主张的练士,即孔子所说的教战。

"赏罚孰明",是说谁赏罚分明。法令在行,赏罚在明。若赏不当功、罚不当过,则赏不足以效能,罚不足以惩惰。

"五事"和"七计"是相联系的。"七计"的前四项,是给"五事"划定的标准;"兵众、士卒、赏罚"三项,是"五事"第五项"法"的延伸。孙子以"五事"作为决胜的先期内容,在范围上是全面的,也是典型的;"七计"在标准上是明确的,也是准确的。

"道、天、地"讲的是作战条件,其中"道"讲政治条件,"天""地"讲自然条件,对一场战争来说都是客观条件。"将、法、兵、士"讲的则是军队作战能力,是决胜的主观因素。客观具备,主观优异,以战必胜,以守则固;如果主观、客观条件都不利,以战必败,以守必陷。七计相较,多利者胜,少利者负。故孙子说:"夫未战而庙算胜者,得算多也;未战而庙算不胜,得算少也。多算胜,少算不胜,而况于无算乎? 吾以此观之,胜负见矣。"这句话说的就是要未战先计、未战先知的意思。

四、"诡道"

孙子曰:"知彼知己者,百战不殆。"比较敌我双方在"五事""七计"等方面的优劣,这就是知彼知己。但用兵者不能仅停留在"知"的层面,而要在"知"的基础上,制定决胜的计谋。故孙子《计篇》后半部分主要讲计谋,而其计谋特重"诡道"。

孙子曰:"计利以听,乃为之势,以佐其外;势者,因利而制权也。"计利,即衡量敌我双方的有利条件;势,即军威、兵势,是一种如箭在弦、所向披靡的气势;因利制权,即根据有利条件,制定灵活机动的战略战术。

《尉缭子》中有一段话颇能发挥这一思想:"凡兵有以道胜,有以威胜,有以力胜。讲武料敌,使敌之气先失而师散,虽形全而不为之用,此道胜也。审法制,明赏罚,便器用,使民有必战之心,此威胜也。破军杀将,乘闉发机,溃众夺地,成功乃返,此力胜也。""道胜",是在条件上占有绝对优势,在讲武料敌时,已使敌人气索理亏、失去斗志,这相当于孙子的"计利";"威胜",是人为地制造取胜条件,让人民有必战敢死之心,用军威克敌制胜,这相当于孙子的"势";"力胜",是战场角力,较智竞技,这相当于孙子的"权"。简言之,就是要利用一切有利因素,采取一切克敌技巧,创造一切制胜条件,在战争中占据优势,并使优势转变成克敌制胜的现实。

在"因利制权"问题上,孙子做了大量既具有原则性又灵活机动的设想。他说:

> 兵者,诡道也。故能而示之不能,用而示之不用,近而示之远,远而示之近。利而诱之,乱而取之,实而备之,强而避之,怒而挠之,卑而骄之,佚而劳之,亲而离之。攻其无备,出其不意。

"兵者,诡道也"是孙子战略思想的灵魂,"攻其无备,出其不意"是孙子战术思想的灵魂。其他诸项,都是这两个原则的具体运用,即想方设法迷惑敌人,削弱敌人,瓦解敌人,最后战胜敌人。孙子的战略战术,可用两个字概括,即"权诈",亦即"诡道"。"权",即灵活机动;"诈",即多方误敌。敌弱我强,则设计迫其投降,争取全胜;敌强我弱,则扰乱敌人视线,扰乱敌人心志,削弱敌人士气和战斗力。总之,要发挥有利条件,克服不利因素,转劣为优,弱敌强己,最终达到战胜敌人的目的。这里涉及"奇正"相生、"虚实"相形、"攻守"异势、灵活"神变"等方法。

《计篇》是《孙子兵法》全书的纲领。上篇讲战前思考,下篇讲制胜方法。在讲"五事""七计"时,孙子曰"经之以五事,校之以计";讲具体战略战术时,孙子曰"因利而制权"。前者称"经",后者称"权",其中大有文章,前人很少注意这个区别。金景芳先生讲:"(孙子)先谈经,后谈权。经是经常,权是权变。经是政治上的问题,权是军事上的问题。经既适用于平时,也适用于战时;权则适用于战时。比较起来,经是主要的、根本的。权在军事上当然极端重要,能起决定性作用,但同经相比较,不能不居第二位。"(《中国奴隶社会史》,上海人民出版社,1983 年版 311 页)

　　《计篇》上篇所言,是孙子的战略思想;下篇所言,是孙子的战术原则。孙子的战略思想是"重道""慎战""贵谋"和"知彼知己";战术原则是"攻其无备,出其不意"、灵活机动、"多方以误之"、"因敌而制胜"。孙子的军事思想和战略思想,基本反映在该篇之中了。细玩此篇,孙子"十三篇"的精髓,就"思过半"了。

第五章　道·天·地·将·法
——体系独特的军事实力观

孙子不主张逞匹夫之勇、施妇人之仁,而讲心智,贵权谋,主张"不战而屈人之兵"。他讲权谋,又不局限于权诈,而能对军事、政治,对人力、物力、天时、地利等方面做综合考察,注重综合实力的检讨。孙子兼具政治家和军事家的眼光,同时考虑治国和治军两方面的内容,这是他优于一般军事家的地方,也是他成为伟大军事理论家的原因所在。

"道、天、地、将、法",就是孙子考察综合军事力量和作战条件的五项内容。在《计篇》中,这些内容作为战前庙算的"五事"被提出来。在其他各篇中,孙子也常常论及这五项内容。临战之际,"五事"是较胜的条件;平时处国,"五事"又是治国理军的基本内容。

通过对五者的考校,孙子告诉我们:真正的胜利,是综合国力的胜利!

一、重道

道,孙子解释为"令民与上同意,可与之死,可与之生,而民不畏危"。说得简单一点,实行一种能够让人民和士兵与统治者同心同德的政策和策略,这就是"有道"。

何谓"道"?"十家注"孟氏解为"权术"。孟氏曰:"故用兵之妙,以权术为道。大道废而有法,法废而有权,权废而有势,势废而有术,术废而有数。大道沦替,人情讹伪,非以权术之道而取之,则不得其欲也。故其权术之道,使民上下同进趋,同爱憎,一利害。故人心归于德,得人之力,无私之至也。故百万之众,其心如一,可以俱同死力,动而不至危亡也。"

孟氏之言虽有一定的道理,但未能说出孙子"道"的全部内涵。孙子将道与天地比齐,不是小小权术所能概括的。况且如果人君以权术御臣,人臣亦将以权诈事君,君使臣以权,臣事君以诈,利各相反,志互不一,试问还可望"上下同进趋,同爱憎,一利害"吗?故孟氏之说极不全面,也不可提倡。

杜佑说"道"是"德化",杜牧说"道"是"仁义",张预说"道"是"恩信使民"。张氏说介乎二杜与孟氏之间,恩信即行仁义、行德化,但若以"恩信使民",就成了政治权术。

诸家解释虽然不尽相同,但也不是互为水火,其实各说对了一部分。"道"包括两个方面:一是政治方面的"道",即政治规律,儒家谓之"仁义",道家谓之"无为";二是军事方面的"道",即军事规律、治军原则,"善战者,修道以保法"中的"道"即指此而言。

孙子"五事"中的"道",首先指国内政治。周公曰:"凡有战心者,必修之以政,而兴之以义,然后能以胜也。"(贾谊《新书·修政》引)孙子所说的"道"与儒家"天下有道"之"道"同,是仁民爱物的政治,即仁政。

中国兵家虽讲权谋,但也不反对实行"仁义"政治。《司马法·仁本》曰:"古者以仁为本,以义治之之谓正。正不获意则权,权出于战,不出于中人。"《吴子·图国》曰:"夫道者,所以反本复始。义者,所以行事立功。""若行不合道,举不合义,而处大居贵,患必及之。是以圣人绥之以道,理之以义,动之以礼,抚之以仁。此四德者,修之则兴,废之则衰。"《黄石公三略》曰:"得道者昌,失道者亡。"这些观点正是对孙子"道"说的发挥。有道之治,一可培植国本,增强物质实力;二可获得人民拥护,使举国上下团结一心。魏武侯问"守必固、战必胜"之术,吴起曰:"民安其田宅,亲其有司,则守已固矣。百姓皆是吾君而非邻国,则战已胜矣。"(《吴子·图国》)国内安定,人心归附,是"守必固、战必胜"之决定因素。《尉缭子·兵谈》曰:"土广而任则国富,民众而制则国治。"国治、民富,就没有人敢于挑衅,用不着暴师列阵,这叫"兵胜于朝廷"。

中国兵家的这些理论,与儒家的"仁政、德治"主张不谋而合。孟子曰"仁者无敌",又曰"得道者多助,失道者寡助"。荀子曰:"彼仁义者,所以修政者也,政修则民亲其上,乐其君,而轻为之死。"赵孝成王问"兵要"(兵法关键),荀子曰:"兵要在乎善附民而已。""仁人上下,百将一心,三军同力;臣之于君也,下之于上也,若子之事父、弟之事兄,若手臂之捍头目而覆胸腹也。"(《议兵》)这些概莫外于孙子所谓"主孰有道"的范畴。

除治国之道外,还有治军之道。简言之,治军之道即指挥要合乎军事规律,治军要顺应人情理势。其具体内容就是孙子在《兵法》十三篇中所阐述的,兹不俱论。

二、谈天

孙子所说的"天",即孟子所谓"天时"。孙子认为"天"主要包括"阴阳、寒暑、时制"三项。古代由于条件限制,人们抵抗自然的能力很差,所以作战时对气候十分讲究。

"阴阳"本来指阴晴、霁雨、明暗等影响作战的天气条件,古人为了神秘其事,而发展为占候之学。《司马法》曰:"若细雨沐军,临机必有捷;回风相触,道远而无功。云类群羊,必走之道;气如惊鹿,必败之势。气云出垒,赤黑临军,皆败之兆。若烟非烟,此庆云也,必胜;若雾非雾,是泣军也,必败。"杜牧甚至将阴阳与"五行、刑德、向背"相联系,引《星经》说:"岁星所在不可攻,攻之反受其殃也。"

阴阳问题不可深究,兵家用之,只不过是神秘其理、郑重其事而已。《易·大传》曰:"人谋鬼谋,百姓与能。""人谋"还要挂上"鬼谋"的招牌,不过是"神道设教",让百姓信从罢了。"八十二篇"本《吴孙子》中也不免有"六甲、杂占、云气"之类的篇章,但不是孙子军事思想的主流。

"寒暑",主要指节令气候。中国幅员辽阔、气候复杂,北地冬季风雪严寒,南土夏季炎热霖雨,皆不便于征战,故大寒大暑不宜兴师。《司马法》曰:"冬夏不兴师,所以兼爱民也。"汉初,高祖刘邦不顾"冬不兴师"之大忌,出师匈奴,结果士兵被冻掉指头的达十之二三。汉师兵力大减,被匈奴困于平城。马援南征交趾,瘴气大发,士卒感瘴疫而死者无数。这些都是不顺寒暑之节、逆天行事的恶果。

"时制",曹操释为"四时之制",甚是;李筌释为"因时制敌",非也。因为五事之"天"讲的是天时问题,而"因时制敌"属于以奇制胜的问题,不合时制之义。

军事上的时制,分两类情况。一是对具体战役的影响,如"冬夏不兴师",原因在于大寒、大暑对行军打仗不利。这属于"寒暑"的范围。二是对国计民生的影响。如春耕秋获,此农人生计关键,《礼记》说"春秋不起兵",即不违农时。因此,从季节考虑,春、秋两季最好不要打仗,在寓兵于农的古代社会尤应如此。周代规定三时务农、一时振兵,也是出于这一考虑。《太白阴经》又说:"天时者,乃水旱、蝗雹、荒乱之天时。"此指丰歉、饥饱等,属于国民经济收入问题。

三、说地

"地",即地理条件,孟子谓之"地利"。

通行本《孙子兵法》列有"远近、险易、广狭、死生"四项,汉简本作

"地者,高下、广狭、远近、险易、死生也",多"高下"一项,应据补。

"远近"以距离言,"险易"以地势言,"广狭"以地貌言,"高下"以地形言,"死生"以战略位置言。举兵之先,考察地形地貌,对战略决策、兵力部署,都是至为重要的。梅尧臣曰:"知远近则能为迂直之计,知险易则能审步骑之利,知广狭则能度众寡之用,知死生则能知战散之势。"言之有理。

古代以步兵和骑兵为作战主力,受地理条件限制很大,所以出军作战必先计较地利。汉文帝时,匈奴入寇,官军行动之前,晁错根据地利做了一番谋划,很有见地:"丈五之沟,渐车之水,陵阜崎岖,积石相接,此步兵之地,车骑二不当一。平原广泽,漫衍相属,此车骑之地,步兵十不当一。候视(侦探)相及,川谷分限,此弓弩之地,短兵百不当一。两阵相近,平地浅草,此长戟之地,刀盾三不当一。草木蒙茏,枝叶蔚茂,此矛铤之地,长戟二不当一。穿崇险隘,阻陕相视,此刀盾之地,弓弩三不当一。"唐朝军事家李靖与太宗议兵,也议及地势:"危阪高陵,溪谷阻难,则用步卒。平原广衍,草浅地坚,则用车。追奔逐北,乘虚猎散,反覆百里,则用骑。"(《通典·兵典一》)这些分析的都是因地形而采用不同兵种和使用不同兵器的问题。

《形篇》中有一段话:"兵法:一曰度,二曰量,三曰数,四曰称,五曰胜。地生度,度生量,量生数,数生称,称生胜。"根据战地地形的险易、广狭、死生等情况,判断地形的利用("地生度");根据可用地形计算战场容量("度生量");根据战场容量决定兵力部署("量生数");根据兵力数量进行力量比较("数生称");根据力量对比做出胜负的预测("称生胜")。在什么情况下使用什么兵种,采用何种战术,派遣多少兵力,要做出决策,都有待于对地形地貌的了解。从这个意义上来说,地理环境是出兵制胜的重要条件。故孙子曰:"知吾卒之可以击,而不知敌之不可击,胜之半也;知敌之可击,而不知吾卒之不可以击,胜之半也;知敌之可击,知吾卒之可以击,而不知地形之不可以战,胜之半也。故知兵者,动而不迷,举而不穷。故曰:知彼知己,胜乃不殆;知天知地,胜乃可全。"(《地形篇》)要百战百胜,除了"知彼知己"外,还要以"知天知地"为必要条件。不知天不知地,即使知彼知己,也未必能取得完全的胜利。

四、论将

将,即将领、指挥员。孙子曰:"知兵之将,民之司命,国家安危之主也。"(《作战篇》)又曰:"夫将者,国之辅也。辅周,则国必强;辅隙,则国必弱。"(《谋攻篇》)一旦敌我发生冲突并诉诸武力,人民生命的安全、国家形势的稳定,就全部寄托在带兵打仗的将帅身上了。所以将帅必须具备担当重任的能力和素质。

将帅需要何等素质才堪当这一重任呢?君主应该用什么标准来选将呢?孙子提出"智、信、仁、勇、严"五项,曹操称为"五德",亦即"将德"。与孙子同时的楚臣申包胥,也与孙子有相同的观点。申包胥使越,此时越王勾践正准备伐吴,便向申包胥请教战争问题。申包胥曰:"夫战,智为始,仁次之,勇次之。不智则不能知民之极,无以诠度天下之众寡;不仁则不能与三军共饥劳之殃;不勇则不能断疑以发大计也。"申包胥强调"智、仁、勇",较孙子所说少"信"和"严",不及孙子全面。作为一位优秀的将领,"智、信、仁、勇、严"应当兼备,故曹操曰:"将宜五德备也。"张预曰:"智,不可乱;信,不可欺;仁,不可暴;勇,不可惧;严,不可犯。五德皆备,然后可以为大将。""智"能谋划,"信"能赏罚,"仁"能附众,"勇"能果敢,"严"能立威,有了"五德",才能不乱、不欺、不暴、不惧、不犯,才堪当大任。古代许多优秀人物能够出将入相,就因为他们具备"五德",上马可征战,下马能治国,成为良将、良相的复合体,既是军事家,又是政治家。这样的人,才是孙子和中国兵家推崇的伟大军事家。

孔子说"仁、智、勇，天下之达德也"。孙子论将，不仅备举"三德"，而且加入了"信"和"严"，与孔子所论的君子人格不殊。只是儒者以仁为本，故"三德"以"仁"居首；兵家以智取胜，故"五德"以智为先。《易·师卦》论兵曰："师，贞，丈人吉。"丈人，即大人，亦即孔子所说之"君子"，孟子所说之"大丈夫"。兵家论将和儒家论君子如此相似，可见兵固不悖于儒，儒亦不讳言兵。若只以"有勇有谋"论将才，甚至单以"勇"字论英雄，"五德"仅得一二，怎么能担当"生民、安国"之重任呢？

五、明法

法，指军事的制度法规，即调兵遣将、任人用人之术。在战争中具备了天时、地利、贤将，君主（或主帅）必用之有法，才能尽量地发挥这些优势，克敌制胜。

孙子曰："法者，曲制、官道、主用也。"（《计篇》）

"曲制、官道、主用"六字，古来解者颇歧，有主"四义"者，有主"三义"者，有主"六义"（一字一义）者。曹孟德曰："曲制者，部曲幡帜金鼓之制也；官者，百官之分也；道者，粮路也；主用者，主军费用也。"曹操认为"曲制"一义、"官"一义、"道"一义、"主用"一义，六字四义。后来的各家注解，都在曹注基础上有所分合。

自李筌、"二杜"至张预，则主"六义"。李筌曰："曲，部曲也；制，节度也；官，爵赏也；道，路也；主，掌也；用者，军资用也。皆师之常法，而将所治也。"其他诸家互有详略。宋代梅尧臣则主"三义"说，曰："曲制者，部曲队伍分画必有制也；官道者，裨校首长统率必有道也；主用者，主军之资粮百物必有用度也。"

无论是曹操的"四义"，还是李筌等人的"六义"，在内容上无疑都是对的,诚为"师之常法,而将所治也"。但这只是注家之意,而不是孙子之意。孙子"五事"的前四事,都是客观条件,故以"法"殿之。"法"即主观条件,其中所列各项,都是制度、方法的问题,不应掺入"道路"这些地理方面的因素。"法"下六字,必两两才能成意,单字单词俱不可解。若要强为分析解释,必生牵强附会、望文生训之患。况且将"道"讲成粮路,已与"地"重复;将"用"讲成军用,又与后面"七计"没有对应。可见,"四义""六义"都不合乎孙子论"法"的原意。"三义"说接近孙子原意,但犹有未尽之意。

"曲制"指的是部伍分画,即编制,也就是后文要讨论的"治众如治寡"问题。但"曲制"兼言组织和指挥系统,必加入曹操所说的"幡帜金鼓之制"才为圆满。置旌旗以壮军威、表军识,建金鼓以示进退等,都是信号指挥问题。王念孙曰:"大事曰事,小事曰曲。"(《读书杂志·汉书》)军队的基层组织叫"曲","曲制"针对士卒,与针对将领的"官道"并举,一指治军细故,一指用人大法。

《势篇》曰:"治众如治寡,分数是也。"意为治理人数众多的军队,能像治理人数少的团体一样,这是由于将军队分编的缘故。这说的就是部队编制系统。《军争篇》曰:"言不相闻,故为之金鼓;视不相见,故为之旌旗。"《势篇》说:"斗众如斗寡,形名是也。"形名,即旗帜、金鼓、口令。指挥大兵团作战,像指挥小部队一样,就是得金鼓旗帜之利。这讲的是信号系统。

"官道",即官人之道,亦即爵赏之制。裨官、将校、统领、首长,任免必得其道;杀敌立功,奖赏必得其法。国有良将、帅有良佐,必善而御之,以得其宜。所谓"官道",就是用人、御人之术。

"主用",即三军费用,属于后勤管理工作,这是"十家注"翕然相同的看法。兵马未动,粮草先行,故《作战篇》曰:"凡用兵之法,驰车千驷,革车千乘,带甲十万,千里馈粮;则内外之费,宾客之用,胶漆之材,车甲之奉,日费千金,然后十万之师举矣。"战争,有时是兵力将才的较量,有时是计谋权诈的竞争,更多的时候则是物资消耗的较量。供给之法,不可不详,故师举之先,必较"主用"之法,这也是可以说通的。

六、"五事"轻重

战争常常是敌我双方综合实力的较量,即"道、天、地、将、法"各方面的比较。"道",是国家政治,是君主之为;"天",指天时,是自然条件;"地",指地利,也是人类对于自然条件的选择;"将",讲军队素质,特别是将帅的才能;"法",讲统兵御将之术,是指挥艺术。"道、天、地"讲的是作战环境,其中"道"讲政治环境,"天、地"讲自然环境,相对一场战争来说都是客观条件;"将、法"讲的则是军队的作战能力和将帅的指挥技巧,是决胜的主观因素。孟子说:"天时不如地利,地利不如人和。"孙子"五事"中的"天、地",即孟子所说的"天时""地利";"道、将、法",即孟子所说的"人和"。儒者虽不以兵为上,但其道理实有与兵家相通者;兵家虽然讲权谋,其原理亦有与儒家暗合处。孟子认为天时、地利不如人和,孙子也以"道"居"五事"之首,这表明他们对社会存在的思考具有全面性、综合性。这一点是值得借鉴的。

孙子对"五事"的排序,只表明这五种制胜因素有轻重、主次之分,而没有可有可无或可知可不知的意思。特别是在较胜庙算之时,考察必须全面,忽略任何一方面,都将对战争的胜负造成预想不到的影响。故孙子说:"凡此五者,将莫不闻,知之者胜,不知者不胜。"(《计篇》)在战争中,作为参战双方,"五事"不必事事具备、处处占优,但必须知道自己和敌人在这些方面的长短优劣,并制定相应的作战方案,采取适当措施,扬长避短,转劣为优。

儒家分军队为"仁义之师""节制之师""权诈之师",也与孙子的"五事"说有异曲同工之妙。齐之技击、魏之武卒、秦之锐士,只有权诈,没有仁义,即权诈之师;齐桓、晋文之师,有战斗力,又以"尊王攘夷"为口号,即有节制的霸者之师;汤武吊民伐罪,除暴安良,即仁义之师。仁义之师,仁义之心植根于心,"道、天、地、将、法"五者皆备;节制之师,备"天、地、将、法",至于"道",不过是悦近来远的手段而已;权诈之师,或得"将"之良,或得"法"之长,至于"道",却一点也没有。就战斗力而言,仁义之师最强,节制之师次之,权诈之师居末。正如荀子所说:"故齐之技击,不可以遇魏氏之武卒;魏氏之武卒,不可以遇秦之锐士;秦之锐士,不可以当桓文之节制;桓文之节制,不可以敌汤武之仁义。"(《荀子·议兵篇》)

　　"五事"既是实力的五大内容,也是军事技术的五大技巧。李靖将其分为三等:"一曰道,二曰天地,三曰将法。""道"至精至微,有道之兵,无施不宜,即《易传》所谓"聪明睿智神武而不杀"者。"天"即阴阳,"地"即险易,善用兵者,能以阴夺阳,以险攻易,此即孟子所谓"天时地利"。"将法"即任人、利器,即《三略》所谓"得士者昌"、管仲所谓"器必坚利"。(《李卫公问对》卷下)占有"将法"优势者,可以进攻;据有"天地"优势者,可以居守;能循"道"以行军者,则无施不宜,可威服海内。李靖评古今兵家说:"若张良、范蠡、孙武,脱然高引,不知所往,此非知道,安能尔乎?"春秋时吴之孙武、越之范蠡,汉之张良,皆功成身隐,这就是能以"道"用兵。"若乐毅、管仲、诸葛亮,战必胜,守必固,此非察天时地利,安能尔乎?"春秋时齐之管仲、战国时燕之乐毅、三国时蜀汉之诸葛亮,他们善于指挥作战,攻必克、守必固,这就是知道天时地利。"其次,王猛之保秦,谢安之守晋,非任将择才,缮完自固,安能尔乎?"东晋谢安、北朝王猛,他们能够保家卫国,打败侵略者,这就是能够任将选才,得攻守之法。

　　可见孙子所说的"五事",不仅是计较参战双方国力、军势的必要条件,而且是考察军队正义和非正义、军事家优秀和拙劣的尺度,自然不能等闲视之。

第六章　军事管理诸原则

孙子曰"善战者,先为不可胜,以待敌之可胜",又曰"善战者,立于不败之地","胜兵先胜而后求战"。(《形篇》)

"不可胜""不败之地""先胜",都是指己方有不可战胜的力量和气势。要达到这一境界,需要注意的因素当然是多方面的,而平时的带兵练卒,就是提高战斗力最重要的措施。"七计"中的"兵众孰强""士卒孰练"两项决胜条件,其实主要就依靠平时治军有方。吴起说:"以治为胜。"(《吴子·治兵》)孔子也说:"以不教民战,是谓弃之。"(《论语·子路》)不治不教,纵然拥有百万之师,也无益于用。兵必待治而后可用,卒必待练然后能强。

一、"和门"

《军争篇》曰:"凡用兵之法,将受命于君,合军聚众,交和而舍……"

"合军聚众"即集合士卒,组成征战之师。"交和而舍"比较难理解。曹操注:"军门为和门。"张预引或说曰:"上下相交和睦,然后可以出兵为营舍。"军门被称为"和门",是因为"和"对军队至关重要,军内必须和睦,否则不能出师。吴起曰:"有四不和:不和于国,不可以出军;不和于军,不可以出陈;不和于陈,不可以进战;不和于战,不可以决胜。是以有道之主将用其民,先和而造大事。"(《吴子·图国》)

孔子之徒有子说:"礼之用,和为贵,先王之道,斯为美。"套用此句来总结"和"对军事的重要性,就是"军之用,和为上,取胜之道,斯为要"。就一国来说,应和于君民;就一军来说,应和于将士;就战阵来说,应和于指战员。总而言之,"和"就是团结,就是上下一心、步调一致。上下团结,故官兵一心;卒伍团结,故同仇敌忾。"和"是出师、临战、列阵、制胜的首要条件。军队不"和",就不能贸然出兵打仗。因此,平时治军应特别重视"和"的问题。

如何才能做到"和"呢?孙子曰:"夫兵以正合,以奇胜。"在战场上,"以正合"即以常规方式交锋,"以奇胜"即以权诈之法取胜。这同样可用于治军。以正合,"合"即上文的"合军聚众",也就是以堂堂正正的理由召集军队,以正大光明的方式治理军队;以奇胜,"胜"即出军克敌,也就是以深不可测之术来对付敌人,以诡诈之道来战胜敌人。《九地篇》说"将军之事,正以治",就是以正治军。《计篇》把制胜的"五事""七计"视为"经",将"因利制权"和"诡道"视为"权"。经就是正,权就是奇。《老子》曰:"以正治国,以奇用兵。"这些在原理上都是一致的。唐裴行俭说:"兵法尚诈者,谓以权谋制敌也。若御其下,则非诚信不可行也。"(《通典》卷161)就是说对敌人要用诈用奇,对自己的士兵则要用诚用正。其表达的意思也与孙子的思想相同。

既然要"以正治军",那么治军的人就得有讲究。苏辙说:"天下之勇士,可使用兵,而不可使主兵。天下之智士,可使主兵,而不可使养兵。养兵者,君子之事也。故用兵之难,而养兵尤难。何者? 士气之难服也。"(《栾城集·应诏集·臣事·第五道》)苏辙认为,勇士、智士和君子各有用场,不可混淆。勇士敢于冲锋,故可带兵打仗;智士多谋,故可主谋指挥;君子有道德,思想意识好,知识技能全,故可以治军。强调以道德高尚的君子治军,也是出于要以正治军的考虑。

以正治军,"正"与"诡"相对,即仁义之道。《司马法·仁本》曰:"古者以仁为本,以义治之之谓正。"就是要以世人都能接受的仁义正道来治理军队,用君子风范来鼓励士兵。

首先,将领要爱护和关心士卒。孙子在《地形篇》说:"视卒如婴儿,故可与之赴深溪;视卒如爱子,故可与之俱死。"视卒如婴儿、爱子,即用亲情去感化士兵。"情"之一字,可以化坚冰、摧顽石。将领以对儿女般的爱对待士兵,士兵就会像尊敬严父一样,与将领同甘共苦、同生共死。若将领新到一个部队,或是新招一批人马,或是新俘获一批降兵,更应以恩结之、以爱悦之。如果不懂得这一点,一味地使用严刑重罚来约束他们,就会适得其反——"卒未亲附而罚之,则不服,不服则难用也"(《九变篇》)。因此,自古兵家都极重视爱护士卒,以和三军。《六韬》曰:"敬其众,合其亲。敬其众则和,合其亲则喜。"《尉缭子》曰:"先亲而后律其身。"这些说的都是这个道理。

其次,将领要与士卒同甘苦、共患难。《六韬》曰:"将与士卒共寒暑、劳苦、饥饱,故三军之众,闻鼓声则喜,闻金声则怒。"《三略》亦曰:"良将之养士,不易于身(不搞特殊化),故能使三军如一心。"将领与士兵同甘苦、共患难,这是培养官兵之间亲和感的必要措施,也是在军内实现"上下同忧"的终南捷径。

春秋时,楚军伐宋,士卒多寒,楚君亲行三军,抚慰将士,"三军之士皆如挟纩(加绵)"。越王勾践倾酒于溪中,与士兵共饮,三军如饮醇醴。"(吴)起之为将,与士卒最下者同衣食。卧不设席,行不骑乘。亲裹赢粮,与士卒分劳苦。卒有病疽者,起为吮之。卒母闻而哭之……曰:'往年吴公吮其父,其父战不旋踵,遂死于敌;吴公今又吮其子,妾不知其死所矣。"(《史记·吴起列传》)于是,士乐为用,西出击秦,拔其五城。此即所谓"父子之兵"。

此外,也有一些政治家,因国内矛盾加深,利用对外战争,或宣传外战的威胁,以缓解内部矛盾,那又当别论,此不具论。总之,治国在和,治军亦然。

二、赏与罚的艺术

孔子曰:"爱之能勿劳乎?忠焉能勿诲乎?"(《论语·宪问》)将领

爱士卒的目的是要用之,如果爱而无义、亲而不教,使士卒犹如骄子,就会不听使唤。正如孙子所讲:"厚而不能使,爱而不能令,乱而不能治,譬如骄子,不可用也。"(《地形篇》)将领在用感情感化士卒之后,则可以义责之,以刑威之。"卒已亲附而罚不行,则不可用"(《行军篇》),要感之以情,结之以恩,还要"令之以文,齐之以武"(《行军篇》)。尉缭说,治军有二宝,即"爱与威","不以爱说(悦)其心者,不我用也;不以严畏其心者,不我举(拥戴)也""善将者,爱与威而已"(《尉缭子·攻权》)。爱,即动之以情,是"文"和"礼";威,即责之以义,是"武"与"刑"。礼和法互为表里,文与武互为左右,爱与威也互为补充。《司马法》曰:"内得爱焉,所以守也;外得威焉,所以战也。"

立威在于赏罚。《三略》曰:"军无财,士不来;军无赏,士不往。"又曰:"香饵之下,必有死鱼;重赏之下,必有勇夫。"军无赏罚,难以劝勇激怯。

赏罚之道,一在严明,二在不测。"七计"曰"赏罚孰明",是说赏罚应当严明。《司马法·天子之义》曰:"赏不逾时,欲民速得为善之利也;罚不迁列,欲民速睹为不善之害也。"这是常规的赏罚。孙子又说:"施无法之赏,悬无政之令。"(《九地篇》)"无法、无政",即没有常法,不按常规。这是对特别人物和特殊事件的非常之赏、非常之罚。

"赏"的目的在于劝善励勇,"罚"的目的在于惩奸除恶。汉简《兵法》下篇《见吴王》说"赏善始贱,罚〔恶首贵〕",《六韬·龙韬·将威》说"杀贵大,赏贵小"。罚大人物的震动效果大,赏小人物的劝善效果好。若罚一人而三军震,就毫不犹豫地惩罚;若赏一人而三军劝,就毫不吝惜地赏赐。尉缭甚至说,刑罚的重点是对上,赏赐的重点则是励下:"能刑上究、赏下流,此将之武也。"(《尉缭子·武议》)孙武杀吴王宠姬、司马穰苴杀景公宠臣庄贾,就是通过"刑上究"以立威。相反,赏赐则贵下,纵然是牧童马圉、樵夫厮役,只要有功,必然赏之,此所谓"赏善始贱""赏小为明"。位尊者尚且受罚,何况其他;职卑者若能获赏,无虑其余。千金买马骨,而千里马至;赏功始于贱,大勋必然继踵接武。不但要赏位卑职贱的人,而且要"赏不避仇"。刘邦初定天下,来不及遍赏功臣,自恃有功的人,往往环坐相与争功论赏,发泄未得赏赐的不满。刘邦问计于张良,张良教他选其生平最憎恶的雍齿予以重赏。众人见刘邦连最痛恨的人尚且赏赐,以为恩赏指日可待,于是人人自安。这就是"无政之赏"。

《司马法》曰:"荣、利、耻、死,谓之四守。"荣、利、耻、死,是人保持自己人格尊严的四大要素。人人都有好善乐利、惧辱怕死的本能,为将者若能针对这一点,善于运用赏罚二柄,就能提高军队战斗力。

三、师出以律

爱卒与赏罚,有时带有很大的随意性,多是将领临战的即兴发挥。但部队平时的管理、战斗阵法的训练,必须有明确的法令。因此,"七计"中有"法令孰行"一条。

《易》曰:"师出以律,否臧凶。"《尉缭子》曰:"凡兵,制必先定。"明法审令,自古为兵家所重。故汤伐桀有《汤誓》,启讨有扈有《甘誓》,武王伐纣有《牧誓》,对作战纪律必件件明晰,三令而五申。闻鼓进攻,鸣金收兵,旌旗所指,士必趋之,纵然赴汤蹈火也在所不惜。并不是战士恶生乐死,而是"号令明,法制审,故能使之前"(《尉缭子·制谈》)。《司马法·严位》曰:"凡人死爱、死怒、死威、死义、死利。凡战之道,教约人轻死,道约人死正。"军法军令,就是训练士兵勇敢,哪怕面对死亡也毫不犹豫;军事教育则使士兵明理,懂得为何轻死。

孙子汲取古代治军的经验,讲明法令务在执行。他说:"弗令弗闻,君将之罪也;已令已申,卒长之罪也。"(竹简《兵法》下编《见吴王》,《史记》本传略同)他认为将军不事先申明纪律,就是将军的责任,既已三令五申,士卒还不遵守,就是领兵将校的过错。军令如山,违令者斩,这正是孙子要把临时担任队长的两名吴王爱姬斩首的缘故。

孙子认为，令行禁止，是教民和使民的重要保证。《行军篇》说："令素行，以教其民，则民服；令素不行，以教其民，则民不服。令素行者，与众相得也。"法令一直得到贯彻，说明民与上齐心，政令合乎民意，这也是保证军队旺盛战斗力的重要因素。荀子将"号令欲严以威"列为为将"六术"之首(《荀子·议兵》)，其精神与孙子是一致的。

四、兵以治胜

《计篇》曰："兵众孰强，士卒孰练。"《司马法·天子之义》曰："士不先教，不可用也。"孔子曰："以不教民战，是谓弃之。"使未经训练的士兵上战场，无异于驱群羊而饲猛虎。

兵贵勇力，更贵技巧。技巧之能，得于训练。如果兵士不练、教令不习、列阵无法，那就是乱军。已方士兵未经训练，没有作战技巧和作战能力，就会导致自己失败、敌人胜利。孙子称之为"乱军引胜"。他说："将弱不严，教导不明，吏卒无常，陈兵纵横，曰乱。"(《地形篇》)战争的胜利，往往是战士殊死较量的结果。士卒是否训练有素，有时甚至比将领能干与否还重要。正如诸葛亮所说："兵卒有制，虽庸将难败；若兵卒自乱，虽贤将危之。"(《李卫公问对》卷上)

吴起"以治为胜"，曰："若法令不明，赏罚不信，金之不止，鼓之不进，虽有百万，何益于用？"(《吴子·治兵》)晁错论兵："一曰得地形，二曰卒服习，三曰器用便。"他说，用不好的武器作战，五个士兵也抵不上一个敌人；而驱使未经训练的士兵打仗，一百个士兵也敌不过一个训练有素的敌人。越王勾践必经"十年生聚，十年教养"，然后出战；诸葛亮"闭关息民，务农讲武"，三年而后出师。这些都是重视教士练卒的例子。

五、齐勇若一

步调一致则力专，行为乖张则力不齐。力量集中，才可以形成雷霆万钧之势。古代兵家对此有清醒的认识。《九地篇》曰："齐勇若一，政之道也……故善用兵者，携手若使一人。"《六韬·文韬·兵道》曰："凡兵之道莫贵乎一。一者能独往独来。"《司马法·严位》曰："凡战之道，位欲严，心欲一。"《三略》曰："将谋欲密，士众欲一。士众一则军心结。"

贵一之道，一曰齐心，二曰同力。

《计篇》曰："令民与上同意。"《谋攻篇》曰："上下同欲者胜。"这是齐心。

《九地篇》曰："犯三军之众，若使一人。"又曰："并敌一向，千里杀将。"这是同力。

心往一处想，劲往一处使，力在一时发。万人同心，其利断金；千夫同力，其力无敌。故练士训卒，统一思想、步调，是至关重要的。政治上行仁政，军队内讲和气，是万众一心的重要精神保证；军事上置旗鼓、发号令，是行动统一的物质保证。

《军争篇》曰："《军政》曰：'言不相闻，故为之金鼓；视不相见，故为之旌旗。'夫金鼓旌旗者，所以一人之耳目也。"金鼓属听觉指挥系统，旌旗属视觉指挥系统。古代对它们各自发出的信号含义都有具体规定。孙子曰："一鼓皆振，二鼓操进，三鼓为战形。"(《吴越春秋·阖闾内传四》)《吴子·应变》曰："凡战之法，昼以旌旗幡麾为节，夜以金鼓笳笛为节。麾左而左，麾右而右；鼓之则进，金之则退。一吹而行，再吹而聚。不从令者诛。"又《吴子·治兵》曰："一鼓整兵，二鼓习阵，三鼓趋食，四鼓严辨，五鼓就行。"《尉缭子·勒卒令》曰："金鼓旗铃各有法。鼓之则进，重鼓则击；金之则止，重金则退。铃传令也。旗，麾之左则左，麾之右则右。奇兵则反是。"

要令强者执旌旗，旌旗不倒，军队的视觉指挥系统就不会出问题；让勇者执金鼓，金鼓不息，军队的听觉指挥系统就不会出问题。只有经过这样反复系统的严格训练，部队才能在战场上行动整齐。

信号统一,士兵也就心志专一、行动一致了,于是"勇者不得独进,怯者不得独退",将帅指挥战斗就不难进入"用众如用寡"、得心应手的境界。

除以上五点主要的军事管理原则外,孙子还认为将帅在指挥部队时,应使士卒"无知""无识"。《九地篇》曰:"能愚士卒之耳目,使之无知。易其事,革其谋,使人无识。易其居,迂其途,使人不得虑。"应该说,这流露出一定的愚兵思想,反映了孙子的时代局限性,我们要有所甄别。不过,在战争中,若遇到特定情况,军事行动必须在一定范围内保密,绝不可以向过多的人泄露。《易》曰:"几事不密则害成。"《三略》曰:"将谋欲密""将谋泄则军无势"。李靖说:"诡道可使由之,不可使知之。"(《李卫公问对》卷下)这些讲的都是保守机密的重要性。在不适当的场合搞所谓"军事民主",无异于出卖军事情报。从这个角度来理解孙子所说的"使之无知""使之无识",尚有可取之处。此外,孙子还注重培养士兵听从命令、服从指挥的品质。孙子认为,战争对将军和士兵的要求不同:对将军的要求是有智谋、严肃、镇定,对士兵的要求则是服从指挥、英勇无畏。要使士兵服从指挥,主要的手段是教育和赏罚。教育可以启发士兵的是非荣辱观念,使他们知道英勇作战的意义。奖赏可以鼓励士兵听从命令,杀敌立功;惩罚则可以使士兵产生戒惧心理,更坚决地执行命令。

孙子讲治军,用"和"来加强内部团结,用"严"来执行纪律,用"信"来实施赏罚,用"练"来培养士卒,用"一"来集中力量,从而做到指挥如意、进退唯时,让部队战斗力大增,立于不败之地。这套管理办法基本上是明智的、可行的,即使在今天的人事管理和企业管理中,也不无借鉴意义。

第七章 将将

——任用将帅的艺术

《作战篇》曰："故知兵之将,民之司命,国家安危之主也。"《谋攻篇》曰："夫将者国之辅也,辅周则国必强,辅隙则国必弱。"《六韬·龙韬·论将》曰："故兵者,国之大事,存亡之道,命在于将。将者,国之辅,先王之所重。故置将不可不察也。"《三略·上略》曰："夫将者,国之命也。将能制胜,则国家安定。"

军之所立,一在将,二在兵;以将统兵,以兵克敌。士兵是冲锋陷阵、杀敌攻城的主要力量;将帅则是统领三军、指挥战争的灵魂。因此,人们常将优秀的将帅誉为"军魂"。将为头脑,兵为四肢。头脑不清醒,就无法灵活地使用四肢;将帅不贤能,就无法自如地指挥士兵。所以,在战争中,必须起用良将。

君主有了良将,如何用之? 放手将三军交其指挥,会担心利器假人,被他取而代之;不信不任,又不能发挥良将的才能,不能尽收得人得才之效。自古帝王都为这件事情苦恼。汉高祖刘邦既得韩信、彭越、英布等猛将取天下,又为逐个剿灭这些功臣而大费周章,最后仍落得"安得猛士今守四方"之叹!

如何识将,如何用将,如何尽其利而避其害,此古来圣君贤主所究心的课题,是谓"将将"之法。将将得法,君主不必贤能,亦可令行三军,利收敌国。将将不得法,自己纵然一身武艺、满腹韬略,也无济于事。此刘、项所以分高下、见成败也。将将之法,主要有以下数端。

一、慧眼识英雄

得将的利害，前篇已说，现在的关键是如何识将。

孙子以"智、信、仁、勇、严"论将德（《计篇》），《六韬》以"勇、智、仁、信、忠"论将才（《龙韬·论将》）。《六韬》改孙子的"严"为"忠"，并将"勇"提为第一，其基本内容还是与孙子所说相同的。《六韬》特别注重将领的忠诚，孙子也未忽略忠诚问题，在论"五事、七计"后，孙子补充说："将听吾计，用之必胜，留之；将不听吾计，用之必败，去之。"听计，就是"忠"的内容之一。

五德皆具，是谓全才，用之为将，必为贤将。贤将可寄之以国，可托之以孤。如西周之周公旦、蜀汉之诸葛亮，就是德才兼备的人物。

五德之中，"智、勇"是将军的基本素质，《三略·上略》称："虑也，勇也，将之所重。"能具备"智、勇"二德，也可为将。若仅有"智"，尚可为智士谋臣；若只有"勇"，用之得当，尚可为勇士；若只有"仁、信、忠、严"而无"智、勇"，不知兵道，则无益于战事。勇士可以用兵，智士可以主军，智勇兼备可以为才将，五德俱全则可以为贤将。

五德是为将的基本素质，除此之外，将军还当具备其他技能。故孙子论"七计"，有"将孰有能"一项。将以何为能，"十三篇"分别有论述，如识战机、知天地、明敌我、达权变、知虚实、知算法、察微知著、善于算计、"识众寡之用"、果敢杀伐等。《六韬·选将》说贤士可以为将者有"八征"，《三略·上略》说将有"十二能"，足以发挥孙子之说，补充孙子未尽之意，兹录于后。

"八征"：

　　一曰问之以言，以观其详；二曰穷之以辞，以观其变；三曰与之间谍，以观其诚；四曰明白显问，以观其德；五曰使之以财，以观其廉；六曰试之以色，以观其贞；七曰告之以难，以观其勇；八曰醉之以酒，以观其态。八征皆备，则贤不肖别矣。

"十二能"：

将能清，能净，能平，能整，能受谏，能听讼，能纳人，能采言，能知国俗，能图山川，能表险难，能制军权。

"八征"是考察将领品行和技能的八个要点，涉及语言、权变、诚实、廉洁、勇敢等方面的问题。"十二能"亦是关于道德和技巧问题，清则无私，净则不被欺罔，平则可以服人，整则可以肃众，受谏可以集思广益，纳人可以广收英雄豪杰，采言可以尽善，知国俗可以得民心，能图山川可以得地利，能表险难可以预为之防，能制军权则可以应变无穷。这些品质，虽然难求其备，但君主（或主帅）为三军选拔将帅，是不得不认真加以考察的。

二、信而用之

励俗必待圣贤，治国必待良相，领军必待将才。若将帅不才，即使士兵优良，也不能在战争中取胜；若将帅有才干，君主却不能信而用之，而是胡乱干预军事，那也会导致失利，孙子称之为"乱军引胜"。因此，大敌当前，任用将才尤其重要。《谋攻篇》曰：

故军之所以患于君者三：不知军之不可以进而谓之进，不知军之不可以退而谓之退，是谓縻军；不知三军之事而同三军之政者，则军士惑矣；不知三军之权而同三军之任，则军士疑矣。三军既惑且疑，则诸侯之难至矣，是谓乱军引胜。

这段话是说，君主对于军事有三大患：一是瞎指挥，二是乱干预，三是错用人。瞎指挥会导致战役失败，乱干预会造成军队混乱，错用人则会使三军将士人心动摇。这无异于自毁长城，将胜利送给敌人——这就叫"乱军引胜"。魏武侯问立阵必固之法，吴起曰："君能使贤者居上，不肖者居下，则陈（阵）已定矣。"（《吴子·图国》）真德秀说："用忠贤，修政事，尽群策，收众心者，自立之本也；训兵戎，择将帅，缮城池，饬戎守者，自立之具也。"无论是治国还是治军，都以得才用贤为首事。

　　有才要用,方能得人才之利;用人要信,方能尽人才之用。临战之时,更应该放手用贤,固其恩,重其权,专其任,树其威。古代君主对拜将授权十分慎重——先请之于祖庙,既而命之于朝廷,临阵出师,还要斋戒三日,授之以大钺,曰:"从此至天,将军制之。"又授之以巨斧,曰:"从此至地,将军制之。"又推其车毂,曰:"进退唯时。"上至天,下至地,中至人事,全权交与将军处理,军中只闻将军之令,不闻君命。(参见《李卫公问对》卷下。类似的记载还见于《六韬》《三略》《尉缭子》等)故魏文侯得吴起,必亲自布设地席,让夫人捧酒杯,行大礼于太庙,然后立之为大将;刘邦得韩信,必高筑其坛,焚香而拜之。此皆欲重其事、慎其任也。

　　将军带兵出征,有权专断专行,"上不制于天,下不制于地,中不制于人"(《尉缭子·武议》),"军中之事,不闻君命,皆由将出。临敌决战,无有二心。若此,则无天于上,无地于下,无邦于前,无君于后"(《六韬·龙韬·立将》)。军事行动是特殊的行动,兵无常势,瞬息万变,取胜之道全在临敌应变、随机制权。如果事事必内御于君,就会脱离实际,失去战机。

　　孙子认为,将军在指挥战斗的过程中,有时违背君命也是可以的:"将在军,君命有所不受。"(《史记·孙子列传》)孙子论"五利"有"君命有所不受"(《九变篇》),论"五胜"有"将能而君不御者胜"(《谋攻篇》)。当然,其前提是对战争有利:"战道必胜,主曰无战,必战可也;战道不胜,主曰必战,无战可也。"(《地形篇》)而且将军要不存私心,没有阴谋,暂时对君主的违命正是出于对君主的忠诚。孙子说,在这种情况下,将军考虑的只是如何克敌制胜,"进不求名,退不避罪,惟民是保,而利于主",这就是"国之宝"(《地形篇》)!君主要有让下臣全权行事的气魄,有容忍将军在特别时刻违命的雅量。

　　有才不识与无才同,识而不用与不识同,用而不信与不用同。故对于有才之将,要识之用之信之,以尽其能。

三、御将之术

对君主而言,手下无才不可以得天下,有才不御又可能失天下;用人不信不能尽敌国,信而不防又可能丧吾国。君主用人授权之后,稍不留意,就有被人取而代之的危险。王莽篡汉室、曹操凌汉主、杨坚取北周……中国历史上,强臣逼主的事举不胜举。如何用之既尽其利,又避其害,就成了历代统治者费尽心思考虑的问题。

针对这一问题,孙子概括地提出了"官道"原则。官道即官人之道,是用封官委爵的方法来笼络和驱使将领。《孙子兵法》中并未具体说明"官道",苏洵有一篇文章,可以作为补充。如前所说,人才,有贤者,有才者。贤者具五德,是为贤将;才者有智勇,是为才将。贤将忠信有守,不奸不贰,故可以嘱国,可以托孤;才将桀骜不驯,诡计多端,不可以名器假之。君主御将之法,当区别对待。御贤将以礼义,御才将以权术;御贤将以诚信,御才将以刑赏。故御贤将易而御才将难。

才将又有大小之分。大才可以大用,不妨先赏而后责其功;小才则小用之,有功然后给赏。如汉高祖用韩信、彭越,一日而封相拜将,其后灭项羽、平诸侯,二人之力居多。樊哙、灌婴则有一功受一赏,积功屡爵,方至彻侯。要说个人感情,樊、灌之徒与刘邦共起于丰沛之间,岂不亲密?然而其才小,其所赏者,就不如韩、彭之大。

以上是在战时御才将的方法。战事既已结束,就要警惕才将觊觎名器,必要时应尽可能快、尽可能稳妥地解除才将的兵权。君主不能没有才将,也不能不警惕才将。关键在于君主如何在不知不觉中控制局面,暗中去掉才将的优势,而又不会自伤。《老子》中有一段话可以参考:"将欲翕(闭)之,必固张之;将欲弱之,必固强之;将欲废之,必固兴之;将欲夺之,必固与之。是谓微明。柔之胜刚,弱之胜强。鱼不可说(脱)于渊,邦之利器不可以示人。"为保社稷,君主常采取措施削弱才将的实力:明升暗降,明予暗夺;给以高爵厚禄,而去其重兵实权;

给以盛名美誉,而调虎离山;等等。这样也许可以避免残酷的杀戮,避免"敌国灭,谋臣亡"的悲剧。

但要真正避免君臣互相暗算的悲剧,恐怕非"天下为公"不可。君主不以天下为一家一姓的私产,将臣杀敌立功也是进不求名、退不避罪,唯民是保、唯国是利,这样才可以君臣无猜。但这在古代社会是不现实的。

总之,将帅是百姓生死的司命,是国家安危的主心骨。所以孙子特别重视选将择贤,以"五德"选将,以"有能"论才。孙子说,有将要用,用将要信。为了夺取战争的胜利,他主张给予将帅更多的主动权。将帅可以因时因地、根据敌情制定克敌制胜的方略,君主不要在不知情的情况下横加干涉。但是将帅手握兵权,一旦怀有异心,将对国家安全造成严重威胁。因此孙子认为必须有一套御将的权术("官道")来控扼他们,以使他们为战争尽力,而又不至于危害君主。善识、善用、善御,是孙子在《兵法》中反映出来的御将之术。

第八章　上兵伐谋

——尚智哲学

古代谈兵之家有四种。一种是兵形势家,讲阵法,以深不可测之形、先声夺人之势战胜敌人。尉缭著《尉缭子》、项羽著《项王》等,属于此类。一种是兵阴阳家,讲阴阳五行,顺时而发,根据星象、四时、五行生克的运转,推演刑德相胜之术,杂用鬼神之道。古传《太壹兵法》《天一兵法》等,属于此类。一种是兵技巧家,注重训练战士的攻战技巧,制造机关器械,并运用于攻城、守城。古代有《鲍子兵法》《伍子胥》,《墨子》"城守"以下二十篇亦属此类。一种是兵权谋家,以正守国,以奇用兵,先计而后战,同时兼讲形势、阴阳、技巧。《吴孙子兵法》《齐孙子》《吴起》属于此类。(参见《汉书·艺文志》)

兵形势在于竞势,兵阴阳在于竞时,兵技巧在于竞技,兵权谋在于竞智。四家之中,以权谋家最全面、最高尚,也最为优长。

一、尚智

孙武是兵家权谋派的鼻祖,言兵特别重视权谋和智慧,是中国古代"尚智哲学"的实用主义者,或者说,他是将"尚智"精神运用于军事领域的军事家。如前所述,孙子论将德,以"智"列于五德之首,充分表现出他对人的智慧和主观能动性的重视,同时也使人类战争从竞力、竞技、竞财向竞智升华,从神道、鬼道、力道向人道转化。孙子力图将战争从血淋淋的生死较量和巨大的人力物力消耗,转变成较智较计的竞赛,将愚蠢的、野蛮的残杀行为,上升为智慧的竞争艺术。

孙子曰："故百战百胜，非善之善者也；不战而屈人之兵，善之善者也。故上兵伐谋，其次伐交，其次伐兵，其下攻城。攻城之法为不得已。"（《谋攻篇》）

如果每一次胜利都必须经过战场上刀光剑影的较量，那么即使是百战百胜，也不能算是最善战的；不必刀枪相向就能取得胜利，这才是最好的方式。"不战而屈人之兵"是最善的境界，"百战百胜"是次一等的境界。于是，孙子将战争分成四个等级：较量智谋是上等，较量外交次一等，较量兵士又次一等，进攻城池为最下等。攻坚战是最危险的，也是最不得已的。这段智胜敌人的论述所体现的思想，在孙子之前，历史上不曾有过。这是中国战争史和军事理论史上的里程碑，也是孙子对中国兵学的重要贡献。

孙子提出"不战而屈人之兵""上兵伐谋"的论断，主要是从以下几个方面考虑的。

一是兵不顿挫而得全利。战争发展到春秋战国时期，规模已经越来越大，战斗也空前酷烈。孙子描述当时的战争说："凡用兵之法，驰车千驷，革车千乘，带甲十万，千里馈粮；则内外之费，宾客之用，胶漆之材，车甲之奉，日费千金，然后十万之师举矣。"（《作战篇》）又说："凡兴师十万，出征千里，百姓之费，公家之奉，日费千金；内外骚动，怠于道路，不得操事者，七十万家。"（《用间篇》）"兴师十万""日费千金"，这在经济并不十分发达的古代社会，无疑是一个沉重的负担。一场战争，尤其是历时较长的战争，往往使国内骚动，青壮困于前线、老弱疲于道路，停产废业者不计其数。一方的费用尚且如此，双方相加，必然倍之。一次战争，无论是对被攻方还是对主攻方来说，都是一场浩劫！

为了夺取胜利，双方都尽可能多地杀伤对方的有生力量，破坏对方的物质基础。这就免不了"芟刈其禾稼，斩其树木，隳其城郭""燔燎其祖庙,劲杀其万民,覆其老弱"(《墨子·非攻下》),人为地造成社会人力物力的巨大损失。杀敌一千,自损八百,直接的战争,无论是战败方还是战胜方,都将有人力财力的极大消耗,对整个社会造成极大损失。要紧的是,"钝兵挫锐,屈力殚货"之后,邻国诸侯将"乘弊而起",坐收渔人之利,到时"虽有智者,不能善其后矣"(《作战篇》)。称霸诸侯后的吴王夫差被越王勾践所乘,正是这个道理。

所以孙子主张"以全争于天下"。《谋攻篇》曰:

善用兵者,屈人之兵而非战也,拔人之城而非攻也,毁人之国而非久也,必以全争于天下。故兵不顿而利可全,此谋攻之法也。

以智谋取胜,自己无所支出,却能得到完完全全的战利品,真是无本万利,岂不美哉!因此,在《谋攻篇》中,孙子对战争的胜利划分出不同等级。他说:

夫用兵之法,全国为上,破国次之;全军为上,破军次之;全旅为上,破旅次之;全卒为上,破卒次之;全伍为上,破伍次之。

二是以弱胜强,转败为胜。在己方力量占绝对优势的情况下,运用智慧可取得战争的完全胜利。在力不及、财不若的情况下,如果正确运用智谋,则可以力图避免战争的发生。"折冲樽俎"和"弦高犒师"的故事,就是用智慧化解干戈的典范。

晋平公时,强大的晋国想进攻齐国,先派大夫范昭去齐国试探虚实。范昭在齐国十分无礼,处处挑衅。机智的晏婴针锋相对,处处责之以礼制和正义,显示出齐国内政上的实力。范昭回国向晋平公汇报说,齐国政治清明,礼法不乱,不可进攻。孔子赞之曰:"不越樽俎之间,而折冲千里之外,晏子之谓也。"

公元前 627 年,秦穆公派兵偷袭郑国。秦军在途中遇到郑国贩牛的弦高。若论实力,郑国绝对不是秦国的对手,再加上没有准备,如果真打起来,郑国必败无疑。弦高急中生智,将其贩运的牛和牛皮,以郑国国君的名义送给秦人。秦人以为郑国有备,便半道回师。这使郑国避免了一场灾难。

如果战争实在不可避免，也可用智以弱胜强、转败为胜。孙子曰："小敌之坚，大国之擒也。"（《谋攻篇》）如果敌我双方力量悬殊，硬拼硬打无异于以卵击石、自取灭亡，这时必须以智取胜。历史上，用智胜数倍于己之敌的战例不胜枚举。《孙子兵法》就是教人智胜的经典。

力可尽，财可竭，唯有智慧愈用愈多，不可穷尽；力有不可敌，财有不可及，唯有智谋能以小敌大，以弱敌强。善用智者，无穷如天地，不竭如江河，故无敌于天下！

二、明智·理智·机智

要以智胜，当然不是简单的事情。要做到妥善地运用智慧，必须做到"明智""理智""机智"。

明智　明智之法，要点有二：其一，知彼知己；其二，知机知微。不知彼不知己，就不能做出正确判断，不能形成正确计谋；不知机不知微，就不能预见将来、把握战机，不能定计于未形。

《谋攻篇》曰："知彼知己者，百战不殆；不知彼而知己，一胜一负；不知彼不知己，每战必殆。"这是强调要掌握敌我双方的情况。

《虚实篇》曰："故知战之地，知战之日，则可千里而会战。"《地形篇》曰："知天知地，胜乃可全。"这是强调要掌握气候、地理等客观条件。

只知其事还不够，还得识其机。机，是事物开始变化前的微小征兆。为将之道，贵在察觉常人无法发现的细微迹象，并依之做出准确的判断。事后分析、已明而见，那是历史学家的事，不是军事家的能耐。

《形篇》曰："见胜不过众人之所知，非善之善者也；战胜而天下曰善，非善之善者也。故举秋毫不为多力，见日月不为明目，闻雷霆不为聪耳。"《用间篇》曰："故明君贤将，所以动而胜人、成功出于众者，先知也。"《六韬·文韬·兵道》曰："兵胜之术，密察敌人之机而速乘其利,复疾击其不意。"又《六韬·龙韬·军势》曰:"故善战者不待张军,善除患者理于未生,善胜敌者胜于无形。上战无与战。故争胜于白刃之前者,非良将也;设备于已失之后者,非上圣也;智与众同,非国师也;技与众同,非国工也。"——这些都是强调识机、先知的重要性。如果将军的见识与常人一样,那就不是好将军。

《地形篇》曰:"知吾卒之可以击,而不知敌之不可击,胜之半也;知敌之可击,而不知吾卒之不可以击,胜之半也。""故知兵者,动而不迷,举而不穷。"《谋攻篇》论知胜五法,其中有两项是战机问题:"知可以战与不可以战者胜;识众寡之用者胜。"优秀的将军能在几微之中、未明之时,预知战争发展的趋势,预先做出进攻的时间、地点、方式乃至兵力部署等战略战术的决策。如果"将不能料敌,以少合众,以弱击强,兵无选锋"(《地形篇》),则必败无疑,这就会给三军带来巨大的灾难。敌人有无可乘之机,是我方无法左右的,关键在于认真体察、准确判断。孙子曰"胜可知而不可为"(《形篇》),此之谓也。

理智 理智之法,切忌感情用事,即以清醒的头脑应付万变的形势,以取得胜利为最高准则,不受个人感情因素的干扰。

《火攻篇》曰:"非利不动,非得不用,非危不战。主不可以怒而兴师,将不可以愠而致战。合于利而动,不合于利而止。""兵以利动",战争不是为了争一时之气愤、较一时之短长,而必须以夺取胜利为最高原则。战争是政治的延续,是外交的补充,事关人民生命安全乃至国家存亡,不能意气用事。

临战之时,在战机尚未成熟或力量不敌的情况下,为了军队和国家的利益,主帅更要理智沉着、忍辱负重。孙子曰:"忿速可侮。"(《九变篇》)将领狷急狂躁,往往易被敌人激怒而导致军队被消灭。《尉缭子·兵谈》曰:"兵起非可以忿也,见胜则兴,不见胜则止。"如果不当攻而攻,"将不胜其忿而蚁附之,杀士三分之一而城不拔者,此攻之灾也"(《谋攻篇》)。历史上因不堪凌辱、不胜其忿而不自量力、贸然拼命,最终自取败亡者,不可胜数。司马懿甘忍诸葛亮的"巾帼"之辱,可以说是兵家中理智的典型。

机智 机智讲灵活用兵,不胶柱鼓瑟、刻舟求剑。明代兵学家刘寅《读兵书法》曰:"读兵书,要活活泼泼,如珠走盘中,无一定之理。""读兵书要知变,但知常而不知变,犹刻舟而求剑,何益于事?"兵形似水,水变无常式、随物赋形;计谋也要随时应变、因敌制宜。计可先定,但不必守株待兔;谋可先发,但不必固守不移。在战争史上常有这种情况:同一计谋,有的人用之成功,有的人用之则不灵;这一处用了成功,那一处用了却行不通;此一时用了成功,彼一时用了则不成功。计谋是否成功,关键在于用兵者是否从实际出发、灵活应变。同是背水一战,项羽背水立阵成功,而刘邦背水立阵却失败了。故用智用计,还得灵活机智。机智之法有二要素:一是根据敌情制定作战方案,二是随时修改既定方案。

《谋攻篇》曰:"故用兵之法,十则围之,五则攻之,倍则分之,敌则能战之,少则能逃之,不若则能避之。故小敌之坚,大敌之擒也。"这是根据敌情灵活制定应敌战略。

《虚实篇》曰:"因形而错胜于众,众不能知。"又曰:"夫兵形象水。水之形,避高而趋下;兵之形,避实而击虚。水因地而制流,兵因敌而制胜。故兵无常势、水无常形,能因敌变化而取胜者,谓之神。"兵出之先,须定计于内,然后出师。但是,"先计"只是定基本战略,至于具体战术,则应当依据具体情况做相应的变动。这叫作"因形而错胜"或"因敌变化而取胜"。

《三十六计》曰:"六六三十六,数中有术,术中有数。阴阳燮理,机在其中。机不可设,设则不中。"数,即运数、客观规律;术,即权谋;阴阳,即矛盾对立的两个方面;燮理,即调和、转化;机,即微妙的机会。数术相生,矛盾转化,事物变化的几微消息也就存在其中了。机会(或消息)只能在事物发展变化过程中寻找、体会,而不能事先假定;如果事先假定,就不一定合乎实际,不一定灵验。

李靖和唐太宗认为,汉朝抗击匈奴的大将霍去病,在军事上有"暗合孙吴"之处。何以叫"暗合"? 即不照搬硬套。《汉书》记载,霍去病不好古籍,汉武帝"尝欲教以孙吴兵法",霍去病说:"顾方略何如耳,不至学古兵法。"虽然未学兵法,但他措置方略灵活机动,因此"暗合孙吴"。岳武穆曰:"阵而后战,兵法之常;运用之妙,存乎一心。"阵是兵家之常法,但敌情变化多端,又需临机应变,此即"运用之妙"。临机应变,即发挥主观能动性,灵活机动地处理问题。用智之妙,正在机智,亦即"存乎一心"。

三、智谋

智谋分两类:一类是阳谋,可以告诉士兵;一类是阴谋,只能在心腹之间计较。《易》曰:"几事不密则害成。"几事,即机密之事。机密之事要阴谋,注意保密,如果泄密,就可能被敌人将计就计,挫我奇谋。

《三略·中略》又将智谋分为计谋、奇谲、阴计三类,曰:"非计谋,无以决嫌定疑;非奇谲,无以破奸息寇;非阴计,无以成功。""计谋"是计算,相当于孙子的"庙算",是对敌我双方情况的全面了解,以决定出不出兵、打不打仗。"奇谲""阴计",相当于《计篇》后半的定计,是真真假假、虚虚实实的"诡道"。"奇谲"是虚假的情报和形势,《用间篇》中称为"诳间",可以有计划地散布到士兵中去,找出内部卧底。"阴计"即阴谋,是最终取胜的计谋,不能让人知道。

孙子曰:"此兵家之胜,不可先传也。"(《计篇》)又曰:"政举之日,夷关折符,无通其使。厉于廊庙之上,以诛其事。"(《九地篇》)此皆谓阴谋宜保密。《三略》说"将谋欲密",《李卫公问对》也说"诡道可使由之,不可使知之"。——士兵众多,素质不齐,不能保证个个坚贞、人人忠诚,更不能排除有暗藏于内部的敌人间谍。因此,孙子主张"愚士卒之耳目,使之无知""犯之以事,勿告以言"。执行秘密行动时,尤应如此。商鞅曰:"民可乐成,不可虑始。"这正说明了指挥员与战斗员的区别和分工。

由于阴谋向多数人保密,所以人们只知道战争这样打胜了,却不知道为什么要这样打才能胜利。这还可增加将军的神秘感,提高将军的威望。《虚实篇》说"因形而错胜于众,众不能知。人皆知我所以胜之形,而莫知吾所以制胜之形",即谓此意。

四、余话

苏洵说:"项籍有取天下之才,而无取天下之虑;曹操有取天下之虑,而无取天下之量;玄德有取天下之量,而无取天下之才。"(《项籍论》)因此,他们三人终其身也没能夺得天下。有量而无才则力不逮,有虑而无量则人不服,有才而无虑则功难成,这是项、曹、刘三人不得及身成功的原因。

当年项羽为救赵王,挥师渡河,迎击秦人数十万精锐之师,仗虽然打赢了,但是耽误了进军关中的时间,让刘邦几乎是兵不血刃地进入关中,捡了便宜。试想,当时项羽以百战百胜之才,有锐不可当之师,要是采用避实击虚、围魏救赵之法,挥师直捣虚空的关中,岂不势如破竹、摧枯拉朽?河北秦军见老巢被捣,必然弃赵而西救秦关。此时,项羽再据关而守,占据有利地形以逸待劳、迎头痛击,打败秦军岂不轻而易举?这样既可以攻其必救而破秦之兵、解赵之围,又可以先入关而王其地,使刘邦无觊觎之机。这一个"捣秦救赵"的绝好机会,却让项羽白白放过了,岂不可惜?项羽盘桓河北,与秦人斤斤计较于白刃之上。好不容易打胜了,章邯率三十万秦军投降,项羽又不顾战胜之利,尽坑降卒,使归顺的有生力量一旦化为乌有。这不仅让楚军未得战胜之利,而且增加了秦人对楚军的反抗情绪。有战之苦,无战之利,实非明智之举!

孔子曰:"暴虎冯(凭)河,死而无悔者,吾不与也。必也临事而惧,好谋而成者也。"(《论语·述而》)"临事而惧,好谋而成",这是儒者临战用智的态度,项羽正好与此相反。有一范增又不能用,战死垓下,尚不知是自己有勇无谋之过,反而认为是"天之亡我,非战之罪",正是"暴虎冯河,死而无悔"、逞匹夫之勇的典型。

曹操、刘备,或无量,或无才,但不缺智谋,所以各自创半壁基业以遗子孙。唯项羽无谋,及身而败,横死垓下。可见"智"与"量""才",不可同日而论。

孙子"不战而屈人之兵"和"上兵伐谋"的思想,与孔子"临事而惧,好谋而成"的思想如出一辙。项羽若是当年听从项梁的教诲,苦读兵书,究心"孙吴",怎会落到英雄末路、自刎乌江的下场呢?

第九章　奇正

——灵活机动的战略战术

一、悠悠万事，奇正为大

《易》有"阴阳"，阳为光明，阴为晦暗，阴阳相摩则通变无穷。儒家有"经权"，"经"为礼制，"权"为变通，经权相济则应变无穷。法家有"法术"，"法"以立极，"术"以行事，法术相因则治变无穷。道家有"正奇"，"正"即道，"奇"即诈，"以正治国，以奇用兵"（《老子》），奇正相循则临变无穷。汉宣帝谓太子："汉家自有制度，本霸王道杂之。"王道即仁义，为"正"；霸道即权谋，为"奇"。隋文帝、宋太祖，欺人孤儿寡母，逆取天下，此为"奇"；得国之后，躬行节俭、任用贤人，以"顺"治之，此为"正"。"逆取而顺守之"，正是以"奇"取国，以"正"治民。可见，帝王治国，也不过"奇正"二术。野心家、阴谋家也不例外，对众人大讲礼义廉耻，用正统的道德说教来束缚他人，自己则神不知鬼不觉地大行其欺天罔人之术，从而取得制人之权，暗窃权柄。尽管人们对其唾弃、诅咒，但不得不承认，从古至今，许多人就是这样以"正"律人，以"奇"自利，从而取得"成功"的。真是"悠悠万事，唯此为大"。

班固论兵权谋家曰："以正守国，以奇用兵。"其法盖与道家同。《孙子》十三篇，说计说谋，无出"奇正"二字。《势篇》曰：

> 三军之众，可使必受敌而无败者，奇正是也。……凡战者，以正合，以奇胜。故善出奇者，无穷如天地，不竭如江海。终而复始，日月是也。死而复生，四时是也。声不过五，五声之变不可胜

听也;色不过五,五色之变不可胜观也;味不过五,五味之变不可胜尝也。战势不过奇正,奇正之变不可胜穷也。奇正相生如循环之无端,孰能穷之哉?

根据上述材料,我们可以大致分析出"奇正"的作用和特点:

"奇正"的作用,一是使自己的"三军之众"必定能对敌应战("受敌"),二是使自己的战士一定能够战胜敌人("无败")。具体的方法就是以"正"来使两军交战,以"奇"来克敌制胜。

"奇正"的特点,一是奇计无穷无尽,二是奇正相生、互为循环。孙子说,善于出奇计者,广博如天地,浩渺如江河;终而复始、死而复生,如日月、如四时,循环无穷。他比况说:基本的音阶不过五等,基本的颜色不过五种,基本的口味不过五类,但是,如果加以不同配搭、变化,就会推陈出新,获得听不完的乐音、看不尽的丽色、尝不尽的美味。五音、五色、五味是"正",变音、变色、变味就是"奇"。战争的奥妙也在于"奇正":奇生正,正生奇,奇复生正,正复生奇……循环往复,日益翻新。善于使用奇正相生的技巧,就能够乱敌视听、应敌无穷、克敌制胜。

二、"常"与"非常"

"奇正"乃天地自然、人类社会的普遍法则,自有其存在的原理。奇计谋略,层出不穷,运用之妙,神秘莫测。然而细究其原理,不过"常"与"非常",亦即"常规"与"反常规"、"常道"与"非常道"。"常"与"非常",就是孙子奇正之术的哲学基础。

老子曰:"道可道,非常道。名可名,非常名。"(《老子·第一章》)

孙子曰:"夫兵形象水,水之形,避高而趋下;兵之形,避实而击虚。水因地而制流,兵因敌而制胜。故兵无常势、水无常形,能因敌变化而取胜者,谓之神。"(《虚实篇》)

岳飞曰:"阵而后战,兵法之常;运用之妙,存乎一心。"(《宋史·岳

飞传》)

道有"常道"和"非常道"之分,名有"常名"和"非常名"之别,其意在于守常。孙子说"兵无常势、水无常形",其意在于不守常(即制权);岳飞说,虽然兵有常法,但要巧妙运用,其意在于出奇,与孙子同意。

常即常规,亦即规矩,是特定的人类群体在一定时限内形成的相对稳定的规范和法则,如政治上的仁政、道德上的仁爱、军事上的力胜、经济上的利胜……这些"常规"进而形成人们相应的思维观念,如:行仁政者王天下,讲仁爱者得人心,有强力者胜敌人,获厚利者发大财……这些都是人们在正常的生活中产生的正常观念,是促进社会正常运转、维系社会和平稳定的基本法则。这是"正"。

可是,历史并不是一成不变地按正常法则演进。就像江河奔流难免有回波一样,历史也难免有曲折,难免会出现反常现象:事物呈现曲折面目,价值观念颠倒,是非标准混淆,秩序大乱,伦常荡然。这就是人们通常所说的乱世或衰世。乱世出英雄,以非常之法清除生活中的反常现象,重整秩序,再兴规矩,使社会发展再度进入有序的轨道,实现天下大治,这就是"奇"。

李靖曰:"自黄帝以来,先正而后奇,先仁义而后权谲。"(《李卫公问对》卷上)"仁义"为正,"权谲"为奇。《司马法》曰:"古者以仁为本,以义治之之谓正。正不获意则权。权出于战,不出于中人。是故杀人安人,杀之可也;攻其国爱其民,攻之可也;以战止战,虽战可也。""仁本""义治"为正,"战""杀""攻国"为奇。天下有道则以仁义为治法,天下无道必以权谲、战伐为权法。墨者不知,必以常法遇万世,天下已乱,犹兢兢而守"非攻""不怒"之法,此其所以无成而有害。这是天下的大奇正。

太公望辅文王,外事殷纣,内修阴谋,争取人心,此为"正";一旦而戎车虎贲,战于牧野,杀其君而移其国,此为"奇"。这就是帝王之奇正。

至其诡诈者为之,利用社会的正常秩序和正常思维,误导人们思维发展,自己却瞒天过海、暗度陈仓,用奇计控扼局势,甚至荼毒天下。这是阴谋家之奇正。

总而言之,正,常也;奇,非常也。以常律人,人无不拥护我、听从我;以非常行事,我无事不顺、无欲不成。以常法约束士众,而以非常法方便自己;以常虑引导别人,而以非常思维开启自己;以有法法人,而以无法法我。能如此者,未有不得其欲、成其功者。

孙子曰:"攻其无备,出其不意。"这是奇正之法反映在思想上、行动上的精辟概括。"出其不意",即想人之所未想;"攻其无备",即攻人之所不守。牢记这两句话,"奇正"之理,则思过半矣。

三、奇正说法

懂得以非常行正常,即可得奇正之用,本不待再作絮絮之语。但为了不离孙子智慧的谱,我们还是有必要将孙子和历代兵家如何使用奇正之术,做一简要介绍。

兵不厌诈。《计篇》曰:"兵者,诡道也。"《军争篇》曰:"兵以诈立。"诡和诈,是行奇正的指导思想。兵以利动,一切以取胜为最高原则,不能手软,不能心慈,不能迂腐。一切不利于制胜的道德教条,都应当从战场上走开。

怎样示诡行诈呢?《计篇》有一个综合全面的策划:"能而示之不能,用而示之不用。近而示之远,远而示之近。利而诱之,乱而取之;实而备之,强而避之;怒而挠之,卑而骄之;佚而劳之,亲而离之;攻其无备,出其不意。此兵家之胜,不可先传也。"

"能而示之不能",即假装无能。

"用而示之不用",是说对于敌方畏惧的名将,暗中使用,明里闲置。

"近而示之远,远而示之近",是说主力部队在近处,却装作在远处;主力在远处,却虚张声势说在近处。

"利而诱之",是说先设陷阱,诱敌深入。

"乱而取之",是说敌人内部有乱,即可乘乱取之。此"趁火打劫""浑水摸鱼""顺手牵羊"之法。

"实而备之,强而避之",是说若敌人兵力雄厚,不要应战,而要避开它,同时应提高警惕,防备敌人进攻。

"怒而挠之,卑而骄之",是说敌人易怒,要设法将其激怒,以丧其气;敌人狂傲,就做出卑谦的样子让其骄傲。此"笑里藏刀"之术。

"佚而劳之",是说敌人精力充沛,就要采用疲劳战术。敌进我退,敌驻我扰,敌疲我打,敌退我追。

"亲而离之",是说敌人内部团结,要先离间之、瓦解之。《三十六计》中有"反间计""借刀杀人"。

"攻其无备,出其不意",包括"避实击虚""声东击西""围魏救赵"等战法。

"此兵家之胜,不可先传也",是说此乃兵家制胜之道,是需要保密的。奇正之术,原则是"攻其无备,出其不意",所以保险的做法是"不可先传"。

多方误敌。在力量相当、将才相敌的情况下,制胜之道唯在误敌。敌误则我胜,我误则敌胜。善战,不如善误人。唐太宗说:"朕观千章万句,不出乎'多方以误之'一句而已。"李靖说:"古今胜败,由一误而已。"(《李卫公问对》卷下)刘寅说:"读兵书,要知'多方以误之'之法。"(《武经直解·读兵书法》)

误敌是多方面的,有实力的,有战略的,有战术的,等等。《计篇》曰:"能而示之不能,用而示之不用;近而示之远,远而示之近。"这是在战略、战术上误敌。《六韬·文韬·兵道》曰:"外乱而内整,示饥而实饱,内精而外钝。"孙子说"兵形之极至于无形"(《虚实篇》),"难知如阴"(《军争篇》)。这是在实力上误敌。

用孙子的术语,引蛇出洞叫"形人",隐藏自己叫"我无形"。让敌人处于明显处,自己处于隐藏处,我对敌人了如指掌,敌人对我不知虚实。敌不知我,必多方防我,所以力量分散;我知敌人,则可以专力对敌。孙子曰:"故形人而我无形,则我专而敌分。我专为一,敌分为十,是以十攻其一也,则我众而敌寡。能以众击寡,则吾之所与战者约(少)矣。"(《虚实篇》)我专为一,敌分为十,以十攻一,自然我众敌寡。这是奇正之法最微妙的技巧。所以李靖说"孙武所谓'形人而我无形',此乃奇正之极致","善用兵者,先为不测,则敌'乖其所之'也"(《李卫公问对》卷上)。

在作战意图上,更应造成敌人的错觉。我军先定的决战地点、决战日期,不可让敌人确知。敌人不知确切的地点和时间,就会时时处处处于防御状态。无所不防,就会分散兵力;无时不防,就易疲倦。敌人精力消耗、兵力分散,用于对付我军的力量就会大大减弱。彼明我暗,我方就可以集中优势兵力,各个歼灭分散之敌。孙子"敌虽众,可使无斗"之秘,盖在于此。

此外,《九地篇》曰:"始如处女,敌人开户;后如脱兔,敌不及拒。"初时谨小慎微,就像害羞的处女一样;一旦敌人露出破绽,我则以脱兔之速发起进攻。有时甚至还可以假装怯弱,不敢应战。孙子称此法为"顺详敌意"("详"通"佯"),敌人向我提出任何要求,都尽量予以满足,使之志骄意满,然后乘隙而歼之。

多方误敌,是奇正之法中经常使用的最有效的手段。它可使敌人无从进攻和防守,无从使用其优势,从而削弱敌人力量、干扰敌人部署,让敌人有劲使不出,处于被动挨打的境地。但从另一个角度说,对敌斗争也要谨防被敌人所惑,在接受敌方信息时,要特别注意分析真假,不要轻信。《草庐经略·诳敌》曰:"两敌相仇,言不足信。其信之者,必愚将也。唯智将不为人所诳,而能诳人焉。"此可以为戒。

四、奇正说戒

奇正可以胜敌,亦可能误己。用兵必"杂于利害",而后能趋利避害。行奇正之法,有两大禁忌:一为泄密,二为胶固。

奇正之所以为奇,关键在于使对方"不意"和"无备",如果兵发之先,已经泄露机密,就不能取奇计之效,反而会被敌人利用,陷我于不利之中。

奇正之所以为奇,还在于计出非常。如果固守某计为正、某计为奇,胶柱鼓瑟,使奇计成了常规,甚至成了教条,就不再有奇计之用了。

因此,欲行奇正,必须变化不定、神秘莫测。前文所言"难知如阴""兵家之胜,不可先传""将谋欲密""政举之日,夷关折符,无通其使;厉于廊庙之上"诸法,同样适用于此。

兵无常势、水无常形,奇正之法不能固守条条框框,而要临时制变。比如,"兵以前向为正,后退为奇",但是如果囿于此,则只知后退为奇兵,不知前进亦可为奇。退而不敢追,进而不敢挡,此所以"死诸葛走生仲达"也。

孙子曰:"奇正相生,如循环之无端。"(《势篇》)奇、正不是固定不变的,也不可严格区别开来。能使敌人莫测深浅和走势,就是奇兵。李靖曰:"按曹公《新书》曰:'己二而敌一,则一术为正,一术为奇;己五而敌一,则三术为正,二术为奇。'"(《李卫公问对》卷上)这是说,奇正之术在战斗之前已有分定,在作战方案中必定有奇有正。这是就一般情况而言。具体什么方式是奇,什么方式是正,不能一概而论,而要相机行事。

但曹操在注孙子"奇正是也"时，说"先出合战为正，后出为奇"；注"以正合，以奇胜"时，说"正者当敌，奇者从旁击不备也"。前者以先后论奇正，后者以旁正论奇正。又有人以车战为正、骑兵为奇。其实，这些不过是举例说明而已，奇正之法并不限于形迹。如果敌人主力在正前方中军，当然可以奇兵旁击以取胜；但是如果敌方布阵已用奇，中军不再是主力所在，或中军主力布阵有破绽，完全可以直突中军，斩将夺旗，擒贼擒王，一战而挫敌人之气。如果敌人不知我虚实，而我已对敌人兵力部署了如指掌，也可以一鼓作气，一战而克。这种情况下无处不是奇，而用不着再来一个"后出为奇"。

只要应敌时能够做出非常处理，就是奇兵。兵出之时应先计而行，但如果临战时发现敌情有变，原计划已不适应新情况，就要临敌制变，即使君主内御也有所不听。无论是常规手法还是奇计妙略，只要出乎敌人意料而克敌制胜，就叫奇兵。

在敌我双方都长于计谋、善于用奇的情况下，甚至要力图以正为奇、以奇为正，使敌人莫知莫测、无法应付。唐太宗曰：

> 吾之正，使敌视以为奇；吾之奇，使敌视以为正，斯所谓"形人"者与？以奇为正，以正为奇，变幻莫测，斯所谓"无形"者与？（《李卫公问对》卷上）

> 故形之者，以奇示敌，非吾正也；胜之者，以正击敌，非吾奇也。此谓奇正相变。兵伏者，不止山谷草木。伏藏，所以不伏也。其正如山，其奇如雷，敌虽对面，莫测吾奇正所在。至此，夫何形之有哉？

> 以奇为正者，敌意其奇，则吾正击之；以正为奇者，敌意其正，则吾以奇击之。（《李卫公问对》卷中）

孙子所谓"形人、我无形"，本来讲的是敌我力量的侦察和保密问题：善用奇者，用假情报、假现象来迷惑敌人，这就是"形人"；实际上实行的是相反的策略，敌人并没有真正掌握我方意图，这就叫"我无形"。示敌时让其误以为我将用奇，实际上我却反此道而行之，以正法攻敌措手不及，关键在于变幻莫测、不拘形迹。

《李卫公问对》卷上又说：

> 善用兵者，无不正，无不奇，使敌莫测。故正亦胜，奇亦胜，三军之士止知其胜，莫知其所以胜，非变而能通，安能至是哉！
>
> 若非正兵变为奇，奇兵变为正，则岂能胜哉？故善用兵者，奇正，人而已。变而神之，所以推乎天也。

凡用计皆出乎敌人意料，出于常法、常规之表，就是奇计。要出乎敌人意料，就必须使奇正无常，无一定之规可寻，此即"奇正相生"。奇正相生，深不可测，间不可探，所以才能战胜敌人。一般而言，兵为诡道，"诡"为兵家惯用手法，但善用奇者，却以正道而行诡事。

晋文公攻原邑，命携三日之粮，不克则罢。晋军围原三日，不能下，晋文公传令撤军。恰好间谍来报，说原人已经招架不住，即将投降了。军吏请求坚持围攻。按兵家诡道，晋人功至垂成，理当坚持，文公却说："信，国之宝也，人之所庇也。得原而失信，何以庇之？所亡滋多。"原人知道了这番话，十分信服，没等晋军走远就投降了。

不讲信用是诡道，讲信用是正道。晋文公用正道达到了诡道的目的，这是以正为奇。其实，原是个小邑，攻不攻下对晋文公的霸业无关紧要。晋文公却抓住这个契机，将其作为讲信用的素材，结果取得了收买人心的效果。

善用奇者，如天地之循环，似阴阳之不测，奇中套奇，计中有计。韩信攻赵，未至井陉三十里而止。夜半，韩信命将选两千精锐，每人手持一竿汉家旌旗，依山伏于赵城之旁，又派万人背水立阵。清晨，他传令三军，待灭赵国然后开餐，自己则建大将军旗帜，从井陉关招摇出师。赵军见之大笑，说他犯兵家之忌，于是开城迎击。大战良久，韩信败走背水阵,赵人倾城出动。汉军见无路可退,奋力死战。正当汉、赵鏖战之际,汉两千轻骑已驰入赵城,尽拔赵旗,换上汉帜。赵军在水边战汉军不过,回师进城,见城上已易汉帜,大惊失色,落荒而逃。

　　该战之中,韩信建大将军旗从井陉关而下,这是正兵;背水阵是奇兵,乘虚而入的两千轻骑也是奇兵。当时,韩信在汉军中并无威信,故只有以"置之死地而后生"的奇计,来驱使汉兵人人自奋,这是一奇;他利用赵人贪图眼前利益的心理,故意造成汉军兵陷绝地的情形,引诱赵人倾巢出动,然后所设伏兵一跃而入赵城,这又是一奇;入赵城的骑兵只有两千,兵力并不多,硬拼未必是赵人的对手,韩信又令他们每人持一竿汉旗,遍插赵城之上,这就使敌人不测虚实、莫知众寡,这是第三奇。韩信此计奇中有奇,让赵人防不胜防、心迷志乱,结果丧失了战斗力,堪称古今用奇之一大杰作!

第十章　虚实

——辩证的实力观

唐太宗曰:"朕观兵书,无出孙武。孙武十三篇,无出《虚实》。夫用兵识虚实之势,则无不胜焉。"(《李卫公问对》卷中)

刘寅说:"读兵书,先要识得虚实,后要会用奇正。若不识虚实,虽能用奇,亦无以制胜。"(《武经直解·读兵书法》)

奇正是计谋,要使计谋有用,必须从实际出发。否则,计虽奇也不合实用。虚实,是敌我力量对待、分合、配比的情况。不知彼己力量的对待,就不能有的放矢地使用奇正之计;不知力量的分合为变,就不能得心应手地运用奇正之计;不知彼己力量的配比,就不能成功地以奇制胜。"识虚实"是"用奇正"的前提,也是使奇正有效的保障。因此,唐太宗认为自古兵书以《孙子》最高,而《孙子》十三篇中又以《虚实篇》最重要。刘寅讲武经,认为读兵书要先知虚实的种种情形,然后才能使用奇正之计。虚实,是兵家谈兵必须首先考虑的问题。

虚实包括以下几个方面:一是力量对比,即敌我双方实力、将帅才能、战士素质等实际战斗力的对比。兵多将能、训练有素者为实,兵寡将弱、训练无方者为虚。孙子强调要全面了解敌我力量对比,"知彼知己"方能"百战不殆"。二是力量转化,采用"分合为变""夺心挫气"等手法,使己之力常合、常实,敌之势常分、常虚,达到敌我力量强弱的转换。三是"避实击虚",攻其无备,冲其所虚,使敌有力使不出、有计用不上,最终达到"敌虽众,可使无斗"的目的。

一、真虚真实

敌我力量的对比,是实力的对比,是真虚真实。孙子在《计篇》所列"五事""七计",是衡量彼我实力的基本内容。特别是"七计"所定的标准,非常具体。君主是否有道、将帅是否有能、天时地利是否占据、法令是否执行、兵众是否强盛、士卒是否训练、赏罚是否严明,对这些情报的了解,必须通过实实在在的考察和计算,不能求之于神灵,也不能向壁虚构和揣测。只有了解敌我双方的真虚真实,才能利用虚实以定计,转化虚实以制胜。所以,知彼知己是"虚实"问题的首要内容。

二、虚虚实实

虚虚实实,是战术上的虚实,是人为的虚实。只有通过此术,使敌我力量对比实现向对我有利的方向转化,才能制敌。

虚虚实实之计,是让敌人不知我之虚实,以我之虚为实,以我之实为虚。敌以为我实,则时时防我,我以虚应之,徒劳其心,徒费其力,使之锐气顿挫,失掉优势;敌以为我虚,必不防我,我则以实对之,常常可收以实击虚、以强击弱之效。

军事实力的虚实一般是难以转换的,战术上的虚实则随处可为。所谓善战者,就是善于使用虚虚实实的手段,使自己从弱到强、从虚到实,逐渐增益;使敌人由实到虚、由强到弱,逐渐减损。通过这种方式,最终可以实现从最初的真虚真实(我虚彼实)阶段,向另一个真实真虚(我实彼虚)阶段的转化。

实现战术上虚实的转化,一般有以下几种方式:

使己气实,敌人气虚。气,即必胜的信念和无所畏惧的豪气。《司马法·严位》曰:"凡战,以力久,以气胜。"《尉缭子·战威》曰:"民之所以战者,气也。气实则斗,气夺则走。"故弱敌之法,务在夺气。孙子说"三军可夺气""避其锐气,击其惰归"(《军争篇》),这是要使敌人锐气无法施展;又说"并气积力,慎养勿劳"(《九地篇》),这是说要注意培植我方士气。

使己心实,敌人心虚。心者思之官。心定则坚于战,心静则明于谋,心理素质对于将军来说十分重要。对我方,要治心。《军争篇》曰:"以治待乱,以静待哗,此治心者也。"对敌方,要夺心。"将军可夺心",将心夺则心志乱,士气夺则三军无斗志。敌将如果愚蠢且轻信别人,就可设诡诈之计来引诱他;如果贪图财货而忽视清名,就可以用财宝来贿赂他;如果轻躁好变、没有城府,就可以扰乱他,使其失去正常思维的能力。

使己力实,敌人力虚。兵以力斗,即使是斗智,也要以力为后盾。使我方力量充实、敌方力量消损,是实现敌我力量转化的根本内容。《计篇》曰:"怒而挠之,卑而骄之,佚而劳之,亲而离之。"敌将易怒就骚扰他,敌人卑怯就使其骄傲,敌兵安逸就使之疲劳,敌军团结就离间之。这是弱敌之力。《军争篇》曰:"以近待远,以佚待劳,以饱待饥,此治力者也。"这是治己之力。

李靖推而广之,说:"善用兵者,推此三义而有六焉。以诱待来,以静待躁,以重待轻,以严待懈,以治待乱,以守待攻。反是,则力有弗逮,非治之之术,安能临兵哉。"(《李卫公问对》卷中)

使己得地利,敌人失地利。"地者,战之助也",要使敌人从有利地形上离开,失去地利。《行军篇》曰:"凡地有绝涧、天井、天牢、天罗、天陷、天隙,必亟去之,勿近也。吾远之,敌近之;吾迎(面向)之,敌背之。"对于我军,是"绝地勿处";对于敌人,则要千方百计地使之处于绝地。孙子有《地形篇》《九地篇》《九变篇》等,是谈利用地形增强己方战斗力的专章。

使己常合,敌人常分。一般而言,分则力散,合则力聚。所以要善于将敌人分散开来,化整为零,分众为寡,以便各个击破。我隐藏形迹,使敌人处处防范,分散兵力;多设疑军,引开敌人主力,然后打击残留之敌。此即孙子所谓"以分合为变"。要尽可能地切割敌人，使敌人部别之间缺乏联系和增援，"威加于敌，则其交不得合""使敌人前后不相及"（《九地篇》）。还要利用一切地形因素分割敌人，以水绝敌通常是最有效的办法。《行军篇》曰："客绝水而来，勿迎之于水内，令半济而击之，利。"

使己常备，敌人无备。孙子论五种求胜的因素，其中有"以虞待不虞者胜"（《谋攻篇》）。虞即准备。《九变篇》曰："故用兵之法，无恃其不来，恃吾以待也；无恃其不攻，恃吾有所不可攻也。"平时不可存侥幸心理，应做到有备无患。对敌人，则要设法让其放松警惕，如制造各种休兵罢战的假象来迷惑敌人，再"攻其无备"，那样对敌人进攻时必然如入无人之境。

以虚示人，以实备敌。孙子所说的"形人、我无形"，在许多场合都极有用。在虚实问题上，"形人"即以假意图示人，"无形"即不让敌人看到真实意图。我的正法让敌人视为奇法，我的奇法让敌人看成正法，这是"形人"。临战之际，我方以奇法行正法，以正法行奇法，亦即反"形人"之道而行之，这就是"无形"。所以示人者为我之虚形，所以备敌者才是我之实力。我所"形"实际并未告诉敌人任何东西，这就是"无形"。到了无形的境界，就没有人能探知我的虚实了，我就处于主动地位。

夺敌之实，以补己虚。以上诸法都是削弱敌人，间接地增强自己；此法则是削弱敌人，直接壮大自己。诸如"因粮于敌"、取敌辎重、虏敌士兵等。孙子曰："食敌一钟，当吾二十钟；其秆一石，当吾二十石。"（《作战篇》）食敌一钟，敌少一钟、己增一钟，看起来才两钟而已。但是，古代交通不便，转输不易，故曹操注曰："转输之法，二十而致一。"一石粮往往要耗费二十石粮才能运到。食敌一石，不等于自己节省了二十石吗？如果加上敌方损失的，岂不是四十石了？损阴益阳，非常划算。

孙子战术上的虚虚实实之法，基本精神是削弱敌人、壮大自己。其方法有：夺敌之气、心、力，使敌人无备，使敌人力量分散，以虚示敌、以实备敌，使敌人失去地利，直接"损敌利己"。敌人气、心、力被夺，即使兵多将广，也徒存形骸，不能战斗。敌人无备、分散、没有地利，失去优势，这就实现了敌我力量的转化。敌人由优转劣，我方求胜的机会就到了。《虚实篇》中所讲的"胜可为也，敌虽众，可使无斗"，就是指实现敌我力量转化。

三、避实击虚

唐太宗说，虚实问题不完全是避实击虚的问题，但避实击虚的确是虚实问题的重要内容和最后归宿。真虚真实，强调对敌我实情的准确了解；虚虚实实，强调促使敌我虚实力量转化；避实击虚，则是战时运用虚实原理以克敌制胜的最终目的。

上战无战，不战而屈人之兵，乃善之善者；其次小战而大胜，"胜于易胜"。拼力死战，较胜负于白刃之上，是出于不得已。孙子曰："古之所谓善战者，胜于易胜者也。故善战者之胜也，无智名，无勇功。"（《形篇》）避实击虚即"胜于易胜"，也就是以较少的兵力和代价换取最大的胜利。

《虚实篇》曰："夫兵形象水，水之形，避高而趋下；兵之形，避实而击虚。水因地而制流，兵因敌而制胜。故兵无常势、水无常形，能因敌变化而取胜者，谓之神。"胜兵似水。水是最柔弱的，但是水流激荡，丘陵为之开，崖壁为之坏。其原因就是，水专走隙道，逐渐侵蚀刻削。庖丁解牛，历十九年，而刀刃若新发于硎，原因是游刃于肯綮之间。如果硬碰硬、坚对坚，必然两败俱伤，胜算无多。

《虚实篇》曰："进而不可御者，冲其虚也。"《势篇》曰："兵之所加，如以碫投卵者，虚实是也。"胜兵，不一定非攻坚不可。管仲曰："攻坚则瑕者坚，攻瑕则坚者瑕。"如果不从薄弱处着手，天下就尽是强敌；如果从薄弱处着手，则天下之强敌皆化为弱敌了。《虚实篇》曰："出其所不趋，趋其所不意。行千里而不劳者，行于无人之地也。攻而必取者，攻其所不守也；守而必固者，守其所不攻也。故善攻者，敌不知其所守；善守者，敌不知其所攻。微乎微乎，至于无形；神乎神乎，至于无声。故能为敌之司命。"战必胜、攻必克、行必达的秘密，就是战弱敌、攻无守、行无阻。故善战者，必先从事乎易。《军争篇》讲"无邀正正之旗，勿击堂堂之阵"，就是要避其坚实。

秦国统一天下，主要对手是六国，却从"西僻之国，戎狄之长"的蜀国着手，因为蜀国当时最弱。最强大的楚国，则摆在最后解决。楚汉相争，汉的直接敌人是项羽。刘邦却先派随何游说九江王黥布，以断其南援，派韩信取魏、代、赵、齐，以断其北援。然后刘邦才正面进攻项羽，灭之垓下。这些都是避实击虚之术。

牢记"避实击虚"，最大限度地发挥我军力量，最大限度地弱化敌人力量，就能无坚不摧、攻无不克。

第十一章　制胜三十六法(一)

在前面各章,我们主要从理论上、普遍性上对孙子的军事智慧做了介绍。从本章起,我们将对孙子具体的战略战术、奇计妙谋加以阐说。《孙子》十三篇内涵丰厚深广,其军事谋略系奇正相生、妙计无穷。限于篇幅,我们仅归纳出孙子制胜之术三十六条,姑名之为"孙子三十六法",述其原理,证以战例,方便理解。苟能掌握其要,存乎一心,便能触类旁通,妙用无穷。六朝以来流传的《三十六计》,虽然与我们这里所说的孙子三十六法无直接联系,但其中许多计谋颇受《孙子兵法》原理影响。因此,我们在谈孙子三十六法时,也时时援引《三十六计》为说,以便互相印证。

一、料敌制胜

"料"即分析判断,即预知敌情于未形之际。《孙子》书中多处讲到"料敌"。《行军篇》曰:"兵非益多也,唯无武进,足以并力、料敌、取人而已。"

孙子说,并不是士兵多就必然取胜,取胜的关键在于不要急躁冒进,三军齐心协力,将军能够料敌,将士努力克敌。"料敌"即分析敌情,判断战局的发展趋势。"并力"是团结,"料敌"是知彼,"取人"是制胜。一切奇计妙谋,都必须建立在对敌情充分了解的基础上。

"料敌",关键在"料"。《地形篇》曰:"料敌制胜,计险厄远近,上将之道也。"孙子将分析敌情、制定战术,与计算地理的险易远近,一并视为优秀将领必须具备的能力。比如,知道我军士卒可用但不知敌人可击,或知道敌人可击而不知我军不可用,都是不能料敌的表现。这与不知道地理情况一样,都只有一半的取胜把握。如果"将不能料敌,以少合众,以弱击强",这就是败军之将。于是,"料敌"就成了必胜的先决条件。只有准确地"料敌",才能做到"动而不迷,举而不穷"(《地形篇》)。"料敌"是定计的前提,更是制胜的首务。

前人论"料敌",多与"庙算"相重合。李靖曰:"料敌者,料其彼我之形,定乎得失之计,始可兵出而决胜负矣。"又曰:"当料彼将吏孰与己和,主客孰与己逸,排甲孰与己坚,器械孰与己利,教练孰与己明,地势孰与己险,城池孰与己固,骑畜孰与己多,粮食孰与己广,工巧孰与己能,秣饲孰与己丰,资货孰与己富。以此揣而料之,焉有不保其胜哉?"(《通典》卷 150 引《大唐卫公李靖兵法》)其所列诸项与孙子"五事""七计"几乎等同。

其实,"庙算"与"料敌"应有区别:"庙算"大,"料敌"小;"庙算"宽,"料敌"窄;"庙算"缓,"料敌"急。"庙算"是对双方综合实力的比较、了解,"料敌"则主要是对敌人战略意图的料知和对战役趋势的揣测。西汉初期,刘邦诛韩信、醢彭越,逼反淮南王黥布。刘邦问计于薛公。薛公善筹策,代为黥布考虑了上、中、下"三计",说:如果黥布出上计,山东(崤山以东)非汉有矣;出中计,胜败未可知;出下计,陛下高枕无忧矣。"上计"是积极进取,打通联结南北的要冲,占有关东,"东取吴,西取楚",占领长江中下游,北并齐、鲁,传檄燕、赵,煽动诸侯反汉,形成南北一致对汉的局势。然后固守淮南,将汉兵死死封锁在关中地区。如此,则整个黄河流域"非汉有矣"。"中计"是经营长江、黄河流域,"东取吴,西取楚,并韩取魏",然后据河南敖仓之粟,塞成皋之口,将汉的中央部队逼于关内,但还有齐、鲁、燕、赵腹背隐患。如此,则胜败未可知。"下计"是只顾自保,局限于长江流域,"东取吴,西取下蔡,归重于越,身归长沙",这样一来黥布必败,刘邦大可高枕无忧。刘邦又问黥布计将何出。薛公曰:"必出下计。"薛公说黥布起于骊山陵的刑徒之中，只知道眼前利益，不顾百姓和后代的利益，没有上计和中计的远见。后来，黥布果然不出薛公所料，出了下计，刘邦得以从容出讨。

在举兵之前，黥布也做了料敌工作，说刘邦老了，讨厌战争，不会再御驾亲征；能征惯战的韩信和彭越都被刘邦杀了，其余诸人"不足畏矣"。没想到刘邦亲征，黥布一时慌了手脚，节节败退。黥布虽然也做了料敌工作，但错误地估计了形势，结果因料敌不准而害了自己。

南北朝时期，西魏遣将于谨南下讨伐梁元帝萧绎。有人问他，萧绎将有何计谋。于谨也给萧绎预设了"三策"，说："耀兵汉、沔，席卷渡江，直据丹阳，是其上策；移郭内居民，退保子城，峻其陴堞，以待援至，是其中策；若难于移动，据守罗郭，是其下策。"那人又问萧绎将出何策，于谨说："必用下策。"他说：如今中原地区战事不断，而江南没有大的兵戈。萧绎保据江南已经几十年了，又自以为西魏与北齐相持，无力大举南侵。其生性怯懦无谋，贪恋安居，因此必然不图远谋，只顾保守旧业。后来，萧绎果然退守京城，被西魏围困。

准确料敌的关键在于对敌我力量和将帅素质做充分了解，并做出客观的判断。料敌是否准确，直接关系战略战术的正确与否。如韩信料知项羽必败，鼓励刘邦决计破楚；周瑜料知曹军必失，故有赤壁决胜之役。所以，准确料敌是优秀将领必备的能力，也是古今智将战场制胜的先决条件。

二、知几其神

知几，又作"知机"。《易》曰"知几其神""几者动之微"（《系辞下》）。几，是事物运动变化的先兆。能察知先兆并及时把握之，这就是"神"。在军事上，孙子也十分强调"知几"，即先见之明。他说，将领"见胜不过众人之所知，非善之善者也"（《形篇》）。这好比能举起"秋毫"不算大力士，能看见日月不算好眼力，能听到雷声不算好听力。

值得称道的才技,一定是超常的,预见战机也一定要见于未形。这就是"知几"。

知几的关键是"几",即微妙的军事动态。

如何知几?怎样在波诡云谲的军事形势中,把握最本质、最真实的动态呢?孙子在《行军篇》中告诉人们,不要被表面现象所迷惑,而要透过表象看本质。他举了许多现象:

敌人离我近却仍然保持镇静,是因为占据险要地形;离我远却来挑战,是企图诱我深入;弃险地居平易,必然另有所图。

很多树木摇动,是有敌人向我袭来;草丛中有许多遮蔽物,是敌人所设疑兵;鸟儿无故惊飞,下面必有伏兵;群兽突然惊走,大敌已经袭来。

飞尘高而尖,是战车在行进;飞尘低而广,是步卒在运动;飞尘分散且细长,是敌人在打柴;飞尘稀少又时起时落,是敌人准备宿营。

敌人使者言辞卑谦,却又在积极备战,是准备向我大举进攻;使者言辞强硬,部队又在向我开来,是准备撤退了;敌军战车先出并占领侧翼,是布列阵势,准备战斗;事先没有预约,突然前来讲和,必然有诈谋;急速奔走并将兵车布列开来,是急于与我交战;半进半退,是企图诱我上钩。

敌兵倚仗兵器而立,是饥饿缺食;派去汲水的人自己先饮,是干渴缺水;见利而不进,是疲劳过度。

敌方营寨上有鸟飞集,说明营内空虚无人;敌营夜里惊呼,说明军心恐惧;敌营纷扰无序,说明敌将没有威严;旌旗乱动,表明敌人阵形混乱;敌官急躁易怒,表明敌人已过度疲倦。

敌人用粮食喂马,杀牲口吃,收起炊具,不返回军营居住,那是穷寇;敌兵聚众低声议论,是将帅不得人心;无故再三犒赏军士,是将帅已经无计可施;敌将一再重罚部属,是走投无路;敌将先对士卒残暴,后又畏惧士卒,是十分不精明的表现;敌人借故派使者来谈判,是想休战息兵。敌人盛怒而来，又久不接战，也不离去，必须谨察他的用意。

如此等等，皆系经验之谈。

有经验的将领，能够见微知著、知几察微，具有先知先觉的本领。透过表象看到本质，及时把握战机，制定对策，这与"料敌"同样重要。春秋时期，晋师伐齐，齐人畏敌夜遁。晋国随军的师旷说："乌乌之声乐，齐师其遁。"邢伯说："有班马之声（夜行，马不相见，故鸣），齐师其遁。"叔向说："城上有乌，齐师其遁。"事实果然如此。又如秦晋战于韰马，傍晚，秦军使者向晋人宣战说明日交战。晋大夫臾骈说："使者目光闪烁，语言轻颤，说明敌人怕我，夜间必然逃跑。"他主张断秦退路，却未被采纳，结果使晋人失去了获胜的机会。

叔向等人察知敌人逃遁的迹象，与孙子所说原理基本相同。若能灵活使用诸法，知几察微并不是不可能的。

三、因机设权

因机设权，即根据敌情变化而灵活地设计定策。不要被旧有的观念束缚手脚，也不要被以往的敌情、既定的战术遮住视线，要一切从当时当地的实际情况出发，制定灵活多变的战略战术。

孙子曰："水因地而制形，兵因敌而制胜。故兵无常势、水无常形，能因敌变化而取胜者，谓之神。""五行无常胜，四时无常位，日有短长，月有生死。"（《虚实篇》）水没有固定的形态，兵没有一成不变的形势，就像五行生克、四时循环、日月出没一样，时刻处于变动之中。军事形势瞬息万变，没有定准，善战者要"能因敌变化而取胜"。

该计的关键在"权"。《军争篇》曰："悬权而动。"权即秤锤。权压千斤，是由于它能够根据不同的重物，移动自己的位置；奇计无敌，也应该因敌变化而定策。

春秋时晋人与狄人战于太原，战场道路崎岖隘窄。狄人是步兵，灵活多变；晋人是车兵，笨重难行。晋将魏舒临敌改车兵为步兵，又变三阵为五阵。狄人见了,大为奇怪。在进攻时,魏舒不等狄人列好战阵就发起冲锋,狄人还在疑惑之中,已被打败。这是根据敌情(用步战)和地形(崎岖)等新情况,临时改车兵为步兵的权法。

燕伐齐,取七十余城,齐人唯保即墨(在今山东平度东南)。齐将田单面对燕人所向披靡的凌厉攻势,在齐人已没有正面交锋战斗力的情况下,派兵搜得城内千余牛,并给牛披上画有龙纹虎影的外衣,给牛角缚上锋利的刀刃,在牛尾上束一把灌了油的芦苇。随后,齐军乘夜将牛放出,点燃牛尾,五千壮士紧随牛后。牛负痛怒冲敌阵,疯狂地冲击燕军。黑暗中,燕军借着牛尾的火光,只见奇纹怪状的巨物左右奔突、见人就触。燕军大惊,一时失去反抗能力。即墨城内老幼猛击铜器,震天动地。燕军大骇,败走。齐五千壮士直冲而前,追奔逐北,尽复所失七十余城。这是田单针对敌强我弱的现实,运用"火牛阵"的权法,胜敌于意料之外。

三国时李孚夜闯曹营,也是一个典型的因机制权的例子。曹操围邺城,袁尚救围,必须与被困城内的守军取得联系。袁尚麾下的李孚只带三人,卸下武器,化装成曹军都督,遍巡围城曹军的营垒,一路鞭人呵将,无人敢拦。于是,李孚一行畅通无阻地进到城下,缒城而入。曹操得知,笑着说:"他不仅要进,而且要出。"操遂下令围兵仔细搜索,不要放过。李孚在城中计议,此时曹军已将城围得水泄不通,无法再用老办法出城。于是,李孚叫城内千余人打着白幡,举起油烛,出城请降。曹军见城内请降,且被耀眼的烛光照得眼花缭乱,顾不上检查行人。趁敌人混乱之际,李孚化装突出了重围。曹操闻知,只有大呼上当。

兵法之奇,奇在一个"权"字,如果固守陈规,奇就成了老生常谈,不能称之为奇了。因此,任何奇计妙谋,都必须因敌制宜,不可时过境迁仍抱着老办法不放。

四、先胜后战

"先胜后战",这一命题初看起来似乎荒唐,其实深得军事辩证法之妙。"先胜"，指先具有必胜的把握；"后战"，是说有必胜把握后再诉诸军事行动。《形篇》曰：

> 故善战者，立于不败之地，而不失敌之败也。是故胜兵先胜而后求战，败兵先战而后求胜。善用兵者，修道而保法，故能为胜败之政。

胜敌有二要素，一是自己先"立于不败之地"，二是"不失敌之败"。将军要做的事情是：平时训练部伍以加强实力，使自己具有不可战胜的雄厚基础；战时详知天时、地利，和军、定计，使自己无懈可击。这是"先为不可胜"。孙子又说"不可胜在我"，也就是说自家的事情自己管，自己积极主动地做好战前准备。在对敌上，将军的任务是瓦解敌人、扰乱敌人、觇视敌情，一旦发现敌人有漏洞，就挥师出击，不差毫发。这叫"不失敌之败"。孙子又说"可胜在敌"，即敌人自露败隙。在自己不可战胜的情况下，寻求敌人的败机，就叫作"先胜而后求战"。

胜兵之所以胜，就是先有必胜的把握，然后才寻机决战；败兵则相反，不先计议而先决战，以求侥幸，所以失败。《尉缭子·攻权》曰："战不必胜，不可以言战；攻不必拔，不可以言攻。"此与其同理。

"善用兵者，修道而保法，故能为胜败之政。"这一句讲的是实现"先胜后战"的方法。先胜后战，有两个关键，一为"自胜"，二为"不失敌"。"自胜"，即自己不可战胜。如果自己不堪一击，或有可乘之机，处于劣势，就无以应敌，更无以制敌。"不失敌"，即不失掉战机，不忽略敌人露出的破绽。如果失敌，就没有作战机会，达不到胜敌的目的。"自胜"和"不失敌"，孙子名之曰"胜败之政"，即自胜之政和败敌之政。如何为"胜败之政"？曰"修道而保法"。

关于"修道而保法"，杜牧注："道者，仁义也；法者，法制也。善用兵者，先修理仁义，保守法制，自为不可胜之政，伺敌有可败之隙，则攻能胜之。"杜牧将"道"和"法"都讲成"先为不可胜"的前提。其他诸家,大同小异。杜牧将"修道"之"道"与《计篇》中"五事"之"道"等同,讲成"仁义",固然不错,但不全面。这个"道"是广义的"道",亦即军事规律。《孙膑兵法·八阵》曰:"知道者,上知天之道,下知地之道,内得其民之心,外知敌之情,阵则知八阵之经,见胜而战,弗见而诤……"其中包括安国和众、富国强兵、治军理乱之术,囊括了《计篇》"五事""七计"的全部内容,是大经大法,故称之为"经"。"保法"之"法",杜牧讲成"法度",与《计篇》"五事"之"法"等同,这不对。"五事"之"法"已包括在"道"之中了。这里的"法"乃用兵打仗之法,即"权法"。这也就是《计篇》后篇的"诡道",是制敌权变、侦敌伺机之术,故孙子称之为"权"。修道在于"先为不可胜",保法在于"不失敌之败"。各有分主,不可忽略。

"先胜后战"与"庙算之胜"相辅相成。"庙算之胜",强调临战前的计议;"先胜后战",侧重于平时的治军和战时的伺敌。只有先立于不败之地,又不失敌可乘之机,才能无敌于天下,也才是"善用兵者"。

五、攻心为上

俗话说:人争一口气。如果战士没有作战的目的和追求,没有作战的志气和勇气,仗就没法打,打起来了也会失败。所以善战者务夺敌人之气和敌将之心。"夺气、夺心"有两种方法:一是以权诈、尚威服,使敌人慑于威势,不敢作战,或不能很好地发挥战斗力(这个方法下面将分别阐述);二是以德服人、以道悦人,这是心悦诚服,孙膑说"凡伐国之道,攻心为上,务先服其心"就是这个意思。

以力服人(或以威服人)者,人口服而心不服;以德服人者,人心悦而诚服。不过,冰冻三尺非一日之寒,德服诸侯也不可一蹴而就。在必要的时候,也可以用权术来实现"德服"的效果。商汤网开三面,示诸侯以仁慈宽厚,故"汉南之国",不战而服者四十余国。晋文公伐原,誓三日必克,不克则罢。结果三日期限已到,原人也将投降,晋文公却义无反顾地撤军罢战,最终使原人服其信义,不战而降。晋国荀吴伐鼓国,鼓有人欲举城叛降,荀吴不从,反让鼓人杀掉叛者;既而鼓人又请投降,荀吴对鼓国使者说,你们鼓人还有粮食,可以继续守城;直到鼓人无粮可食,荀吴才答应受降,"克鼓而返,不戮一人"。诸葛亮七擒孟获而七纵之,孟获叹服其"天威",从此南夷不再反叛。

这些都是以权术来行仁义。对于成汤,网开三面于己无损;对于文公,得不得原无关霸业;对于荀吴,招不招降,克鼓必然;对于诸葛亮,用兵南夷,目的在于巩固后方,大兵压境,理无不克。因此,这些圣君贤将,都不过是在有必胜把握时(或无关紧要处),以权示义,以术招信。如果不灵,失之不为损;如果灵了,得之利无算。此乃攻心之计。

攻心之计,一定要用之得时、使之得法。成都武侯祠赵藩一联,可为此术的戒律:

能攻心,则反侧自消,从古知兵非好战;

不审时,即宽严皆误,后来治蜀要深思。

攻心,也要审时。

孙子曰:"三军可以夺帅,将军可以夺心。"(《军争篇》)古人称人类对事业的追求、必胜的信念和无所畏惧的豪情为"气"。自古兵家认为"气"是士兵鼓足斗志、奋勇向前、锐不可当、至死不悔的根本保证。因此,自古兵家均十分重视士气的培养和保护。《司马法·严位》曰:"凡战,以力久,以气胜。"《吴子·论将》论兵之"四机",以"气机"居首:"凡兵有四机,一曰气机,二曰地机,三曰事机,四曰力机。"《尉缭子·战威》曰:"夫将之所以战者,民也;民之所以战者,气也。气实则斗,气夺则走。"《孙膑兵法》专门有《延气篇》,认为"合军聚众,务在激气"。

孙子十分强调夺敌之气,让敌兵失去蓬勃的朝气和必胜的信心。刘邦围项羽于垓下,令汉兵高唱楚歌,使楚军皆有思归厌战之心,此夺其拼死战斗之气也。"四面楚歌"是在乘胜的情况下夺敌之气,在不利的情况下,也可以使用夺气之法。晋大司空刘琨守太原,被北方胡人围攻,久之未下,双方都十分疲惫。刘琨穷于计谋,于是夜吹胡笳,声音悲壮,满是厌战情调。胡人深夜闻之,被挑起浓浓的愁思,解围而散。

东晋桓玄篡晋,刘裕击之。玄败走荆州,留何澹之等守溢口,刘裕战将何无忌与之战。澹之以平时所乘战船为疑兵。何无忌见其船旌旗颇盛,甚为招摇,判定何澹之"必不居此",但还是派兵全力将贼船劫获,并广传三军:"活捉何澹之矣!"敌兵和己方士兵都信以为真,于是敌兵丧气,己军增气,遂大败何澹之。

南朝宋雍州刺史袁颛反,与宋官军对峙鹊尾,别军攻钱溪。袁颛欲夺官军之气,传令军中歌唱"钱溪已平",宋军兵众皆惧。宋将沈攸之曰:"不然。若钱溪实(果真)败,万人中应有逃亡者。必是彼战失利,唱空声以惑众耳。"于是,沈攸之勒令三军,切勿妄动。已而钱溪信至,宋军果然打败叛军。沈攸之以钱溪送来的敌人耳鼻示之,叛军大惧而溃。这是袁颛不善夺气,被对手识破。

以上是夺敌人三军之气的问题。而对于夺敌方主将之心,孙子同样强调。古人常将无心战斗说成是"方寸已乱",由此可见,心理素质对于将军来说十分重要。

《军争篇》曰:"以治待乱,以静待哗,此治心者也。"士以将为心,将以士为肢。将心夺则谋主已乱,士气夺则三军无斗志。敌人斗志全无,即使拥有三军之众,也不过是一副躯壳了。《吴子·论将》曰:"三军之众,百万之师,张设轻重在于一人。"故夺敌之气,务在夺敌将之心。

吴起曰:"凡战之要,必先占其将而察其才,因其形而用其权,则不劳而功举。"(《吴子·论将》)敌将如果愚蠢且轻信别人,就可设诡诈之计来引诱他;如果贪图财货而忽视清名,就可以用财宝来贿赂他;如果轻躁好变、没有城府,就可以扰乱他。总之,不要让敌将清净地思考问题、制定谋略,要弄得他们心烦意乱,失去正常思维的能力。

对敌方务在夺其心,对我方则务在养己心。苏洵在《权书·养心》中说:"凡战之道,未战养其财,将战养其力,既战养其气,既胜养其心。"平时没有战事要聚财,将投入战斗要养力,已经投入战斗要养气,已经取胜要养心。他又说:"用人不尽其所欲为,所以养其心。故士常蓄其怒、怀其欲而不尽。怒不尽则有余勇,欲不尽则有余贪,故虽并天下而上不厌兵。"苏洵所说的养气之法,是要战士常常保持战斗的积极性。杀敌之怒和获赏之欲就是驱动其保持积极性的两根杠杆。如果不养其心,士兵不能同仇敌忾,没有远大追求,一胜而骄、一赏而足,就不能进行持久的战争——"不养其心,一战而胜,不可用矣"。

六、因势利导

孙子曰:"势者,因利而制权也。"(《计篇》)

"势"是根据有利条件形成的胜敌权法,是杀敌气势或胜敌的必然趋势,也就是战斗气氛。李靖论之说:"我军士卒齐集,法令严明,奇正已设,战阵已布,誓词已宣,上下已怒,群情激昂;天时已备,地利已据,进军的号角已经吹响,连风势也顺着我吹,这就具有了浓厚的出征杀敌的气氛。这样的军队,必然所向披靡。"

对好的战斗气氛,自古兵家都着意追求。《孙子兵法》中有《形篇》《势篇》《虚实篇》等专篇,讨论势的问题。《吕氏春秋》说:"孙膑贵势。"山东临沂银雀山汉墓出土的《孙膑兵法》中即有《贵势》一篇。势是克敌制胜的综合因素,是未战先胜的明显征候。唐朝军事家李靖亦论兵势,并将兵势分成三种,即气势、地势、因势。气势是三军斗志,地势是地理优势,因势是借敌人的可乘之机。李靖的"三势说"合乎孙子的精神,是对孙子势论的精辟概括。孙子论势,主要强调造优势、用地势、因成势三个方面。

《计篇》曰:"计利以听,乃为之势,以佐其外。"这就是造势。势非自成,必待良将培养和造就。在计算完各种有利因素后,将军就要设法制造出必胜的气势,作为战争的辅助条件。如声讨敌人以激将士,用真情以鼓勇气,用重赏以鼓斗志,等等。就像鸷鸟将攫、猛兽将搏,必先利其爪牙一样,军队临战也要培养赴敌的气势。

《形篇》曰:"胜者之战民也,若决积水于千仞之溪者,形也。"《势篇》曰:"故善战人之势,如转圆石于千仞之山者,势也。"这就是占有地势。水之所以具有巨大的冲击力,在于地势形成的落差。积水于千仞之溪,直泻而下,自然势不可当。同理,转木石于千仞之山,其势必下,无有阻碍。孙子论地利,处必背山,守必据高,就是为了占据有利的地势条件。

《势篇》曰:"故善战者,求之于势,不责于人,故能择人而任势。任势者,其战人也,如转木石。木石之性,安则静,危则动;方则止,圆则行。"又曰:"治乱,数也;勇怯,势也;强弱,形也。"择人,即在不同场合任用合适的人;任势,即因势利导。人不能皆通皆能、必智必勇,要发挥其长处,全在于将领把他摆在什么位置。如果军队整体具有杀敌无畏、勇往直前的气势,怯弱者也勇敢起来了。木头和石块,放在平地就静止,放在陡坡就滚动;做成方形就不动,做成圆形就旋转。军队也是一样,能方能圆,能静能动,可速可迟,关键在于将领如何指挥。部队治乱是组织问题,战士勇怯是气势问题,三军强弱是力量问题。只要组织得当、调动得法,就会有治无乱、有勇无怯、有强无弱。因此,孙子注意将人摆在一定的势之中来发挥他的能量。

另一方面,还必须因敌人之势,孙子谓之"知敌可战与不可战",即了解和利用敌人的可乘之机。孙膑进而发展说:"善战者,因其势而利导之。"即利用敌人的疏忽或弱点,对敌人进行误导,促使敌人可乘之机的出现。孙膑与魏作战,利用魏人轻视齐军的特点,令齐军先垒十万灶,次日垒五万灶,第三日垒三万灶。魏将庞涓见之,认为齐军胆怯,已逃掉大半,于是弃其大军,轻骑追击。孙膑成功地利用魏人轻敌之势，将敌人化众为寡，引入埋伏圈，制造出魏军必败的可乘之机，并加以利用，大败魏军，射杀庞涓。孙子"顺详敌意""卑而骄之"诸法，也是利用敌人骄傲之势，让其向消极方向发展，然后置敌于死地。

孙子论势，重在造势和用势。他认为：造势应迅雷不及掩耳，用势要无坚不摧；造势要猛要险，用势要快要短。这就需要势能和节奏。《势篇》曰："激水之疾至于漂石者，势也；鸷鸟之疾至于毁折者，节也。故善战者，其势险，其节短。势如扩弩，节如发机。"水能漂石，在其直倾而下之势能，犹如拉满的弓弩一样劲猛。鸷鸟摧折猎物，在其迅疾短促，就像扣动扳机，发于瞬间。势能越紧迫能量越大，节奏越短促打击越有力。用兵打仗与之同理，军势要高亢激昂、团结紧张，出击要迅猛有力、步调一致。势不凌厉不足以激怒士众，节不短促不足以集中力量。苏洵说："凡主将之道，知理（道，正义）而后可以举兵，知势而后可以加兵，知节而后可以用兵。知理则不屈，知势则不沮，知节则不穷。"（《权书·心术》）此实为知兵者言。

七、士以怒战，以利动众

孙子曰："杀敌者，怒也；取敌之利者，货也。"（《作战篇》）

孙子归纳士兵杀敌和夺敌的动机有二：一是愤怒，二是求赏。将军若能有效地利用士兵的求赏之心，给以奖励，则重赏之下，必有勇夫。但是，金钱有限，如果处处以赏励士，就赏不尽赏、财有所穷，所以还必须激起士兵的怒气。激起战士的杀敌怒气，就可以使他们没有奖赏也能打仗杀敌，而且有无穷无尽的动力，这是决胜天下的无穷源泉。

打仗必有怒气。能够把将领的愿望变成士兵的自觉行动，就会不令而行、不赏而劝。因此，孙子将"怒"放在首位。

激起士兵之怒，首先要誓师，声讨敌人罪行。如汤之《汤誓》、启之《甘誓》、武王之《牧誓》，以及徐敬业的《讨武曌檄文》、朱元璋的《北伐檄文》等，无不是历数敌人的罪行，做出替天行道、吊民伐罪的姿态，显示其就是正义的化身！

其次是使用权术来激起士兵的怒气，其最好的办法是假于敌手。战国时，燕攻齐，下齐七十余城，遂围即墨，田单据守。田单担心士无斗志，欲假手燕人，于是假意传出消息说："我们最怕燕人将被俘虏的齐兵割去鼻子，摆在前排与我作战，那样的话，即墨就不能固守了。"燕人闻之，果然照此办理。守城齐兵见被俘者被割了鼻子，个个义愤填膺，誓死坚守。田单见军心已固，又放出话说："我们最担心燕人掘齐人的祖坟了，那样的话，齐人就没有斗志了。"燕人又将城外齐人祖坟挖开。齐人见了，个个伤心流泪、怒发冲冠，人人都欲打开城门与燕人一决死战。田单成功地假敌之手，唤起了士兵的杀敌怒气，使军队同仇敌忾。因此，在后来的火牛阵中，齐军五千勇士奋勇当先，城内老弱擂鼓助威，打败了战无不胜的燕军。孙武与子胥指挥吴军攻入楚都，伍子胥不忍杀父诛兄之忿，掘楚平王墓，鞭死者尸，激起了楚人的敌忾。这与燕军在齐国犯的错误相同。难道是孙武忘记了"众怒莫犯"之戒？抑或子胥"日暮途穷，倒行逆施"所为呢？

《九地篇》曰："犯之以利，勿告以害。"用利来诱使士兵，而不告诉他们潜在的危险，这便是以利动众。这是在关键时刻鼓动士气、拼力一搏的方法。临阵誓师，要"犯之以利"，悬立赏格，激励士众。春秋末期，晋国赵简子誓师曰："克敌者，上大夫受县，下大夫受郡（春秋时郡比县小），士田十万（亩），庶人工商遂（可以做官），人臣隶围免（免除隶属身份）。"此其一种。临阵遇敌，面对坚阵、劲敌，也要临时悬赏，激起将士的勇气，这是另一种励士之术。不过，这些都是常规的以利动众之法。

若粮草匮乏、水源断绝，则易导致三军士气涣散。但往往在此时，我困敌亦困，如果我方及时收束众心、鼓舞士气，坚持下去，就会取得最后的胜利；如果任士气涣散，就会将胜利拱手让给敌人。此时此际，聪明的将帅应巧妙地运用以利动众之法，来安定军心、激励士气。"望梅止渴"的故事就是一个例子。

《世说新语》（卷27）载，曹操行军迷路，三军皆渴，曹操诈言曰："急行，前有大梅林，多果实，其味酸甜，十分解渴。"众人闻言，顿时满口生津，加快了行军速度，摆脱了困境。这是人所熟知的掌故。刘孝标注又引《曹瞒传》说：官军仓廪粮少，问计于军需官。军需官说"可用小斗分发"，结果军中怨言，说曹操欺人。曹操将军需官推出斩首，说他"行小斛，盗军粮"。曹操不惜牺牲军需官性命来掩盖缺粮的事实，其道虽诡，却借此稳定了军心。

在条件具备的情况下，当然可以做得更人道些。南朝梁将庾域镇守南郑，北魏军围攻甚急。其时粮食储备很少，人情恟恟。城中有空仓数十处，庾域亲自查封，煞有介事地贴上封条，然后指给将士看，说："此中粟皆满，足支二年，但努力坚守。"于是众心安定，魏军亦因为粮竭，解围而去。

以真财真货来赏众励士，人人皆能；望梅止渴、封仓示满，则是在无梅无粮的情况下，巧安军心，此非机变智巧不能为也。

八、兵无常势

《虚实篇》有言："水因地而制流，兵因形而制胜。故兵无常势、水无常形；能因敌变化而取胜者，谓之神。"

打仗无一成不变的形势，胜敌也没有一成不变的法规。水必随物赋形，兵必因敌制胜，所以在用计上要"每战不复"，因敌而异：战还是不战，大战还是小战，阵地战还是游击战，包围战还是伏击战，都要视敌情而定。《谋攻篇》曰：

> 故用兵之法，十则围之，五则攻之，倍则分之，敌则能战之，少则能逃之，不若则能避之。故小敌之坚（顽固），大敌之擒也。

打仗并不是处处都打，歼敌并不是见敌就歼，应量敌量己，三计而行。孙子根据古代战争实际，做出如上指导。如果我军数量十倍于敌，就可将其包围起来打，务求全歼，此所谓"关门捉贼""关门打狗"。如果我军数量五倍于敌，可以采取进攻战术，在进攻时可缺一面，让其突围，分散开来打，此所谓"围师必阙""欲擒故纵"。如果我军数量二倍于敌，就将敌人分开来打，敌分为十，我合为一，达到以众击寡的目的，此所谓"敌分我合""各个击破"。如果敌我力量相当，可以决定打，但怎样打得视具体情况而定，如"调虎离山"以去其地利，"声东击西"以趁其虚，"避实击虚"以捣其弱，"乱而取之"以削其势，"假谈真打"以乱其志，等等。如果我军在数量上少于敌人，在战斗力上不若敌人，就不能正面交锋，而应该巧妙周旋，如以"走为上计"致其敌，以"金蝉脱壳"避其锋，以"美人之计"销其志，"卑而骄之"以息其杀机，"移阴壮阳"以强我力，等等。如果力量小又要硬拼，必为强大之敌所擒。

以上诸法，不可拘泥于数字。所谓"十、五、倍、敌、不若"并不纯粹是数量上的比较，而是《计篇》中所谓"道、天、地、将、法"等综合实力的对比，只有在天时地利、军心将才等方面俱相当的情况下，军队的数目才是较胜的决定因素。如果敌人天时、地利、将才、军心等方面都不如我，则不必待十倍乃围，也不必等五倍才攻。曹操倍敌围下邳而生擒吕布，吴起五万魏军破秦兵五十万，谢玄八千败符坚一百万，都是其例。

以上种种，以"走为上计"最堪玩味，也最考智能。《计篇》中说"实而备之，强而避之"，孙子讲"逃"讲"避"，并不是消极逃跑，其最终目的是战胜敌人，所以落实到一个"备"字上：有备，则敌不能以强乘我；有备，才能时刻不忘危机，加强自己。聪明的军事家能在逃而避之的时候拖住敌人、分解敌人，在运动中伺机打败敌人。善用智慧，无论在什么情况下，都能克敌制胜，无怪孙武能"提三万之众而天下莫当"了。

九、君命有所不受

"君命有所不受"，语出《九变篇》。从君主的角度说，战时应信任能将,不要横加干预,让将领有充分灵活的自主权。孙子说,给将军以全权是五种制胜因素之一——"将能而君不御者胜";君主不知军而横加干预,是"乱军引胜"的祸害!"君命有所不受"则是从将领的角度说的。在外领军作战的将领,一切行动应以战役胜利为准则,不要顾及其他,如果君主的命令不合实际,是错误的,虽违背之也是可以的。

"君命有所不受",是有条件的,是"有所"而不是全部。这"有所"所指,孙子在另两个地方做了说明:

汉简《孙子》该篇佚文在叙"途有所不由,军有所不击,城有所不攻,地有所不争"后曰:"君命有所不受者,君令有反此四变者,则弗行也。"这句话明确地告诉为将者,在君主的命令违反战争实际时,可以不予执行。

《地形篇》曰:"故战道必胜,主曰无战,必战可也;战道不胜,主曰必战,无战可也。故进不求名,退不避罪,唯人是保,而利合于主,国之宝也。"作战机会的有无,应视敌情而定,打与不打,要因敌制权,不要受君主的牵制。

由以上说明可见,"君命有所不受",是要求为将者一切从实际出发,因敌制宜,不要因君主叫进而急躁冒进,也不要因君主令退而坐失良机。"不受"君命不是反抗,更不是反叛,而是"保人、利主",为了这个最高目标,纵然进有贪功之嫌、退有违命之罪,也在所不辞。这是兵家不可或缺的胆识。敌人常常在战争关键时刻使用离间计,制造假象,而君主一时不知真相,或受奸臣蒙蔽,难免做出错误决策。如果将帅听其命令,就会贻误战机,甚至导致失败。在这个时候,将帅就应深谋远虑,顶住压力,根据实际情况指挥战斗,否则将功败垂成、遗恨终天。乐毅从攻齐前线逃魏,廉颇从抗秦前哨退息,都是不懂得"君命有所不受"的结果;而周亚夫不从景帝救梁之命,乃是深通孙武此法的良将。

十、兵以诈立

《计篇》曰："兵者,诡道也。"《军争篇》曰："故兵以诈立,以利动,以分合为变者也。故其疾如风,其徐如林,侵掠如火,不动如山,难知如阴,动如雷震。"

"兵者诡道""兵以诈立",孙子第一个从战略的角度明确提出了关于战争本质的命题。在这里,孙子只讲军事技巧,不涉及战争性质问题。我不诈人,人必诈我;我不诡敌,敌必诡我。对敌人的仁慈,就是对自己的残忍!

为了求得战争的胜利,敌我双方都会倾出全力,竭尽诡道。诡诈多者,其胜敌也易;诡诈少者,其取胜也难。

宋楚泓之战中,宋襄公"不重伤,不禽(擒)二毛""不以阻隘""不鼓不成列",却换来"宋师败绩,公(襄公)伤股,门人(亲兵)歼焉"的可悲下场。无独有偶,楚汉战争时期,韩信下井陉以攻赵,赵王与陈余聚兵井陉关口,有众二十万。李左车对陈余说:"臣闻千里馈粮,士有饥色。今井陉之道,车不得方轨(并行),骑不得成列(成队)。行数百里,其势粮食必在其后。愿足下假臣奇兵三万人,从间道(秘密小道)绝其辎重。足下深沟高垒,坚营勿与战。使前不得斗,退不得还。吾奇兵绝其后,野无所掠虏。不至十日,而韩信之头可致于戏下。不然,必为所擒矣。"哪知陈余是个儒者,常称"义兵不用诈谋奇计",不听李左车之言,不出奇兵,不断粮道,却乖乖地上了韩信的"诈谋奇计"的圈套,兵败国亡。

自古制胜,有不滥杀无辜的义兵,但从来没有"不用诈谋奇计"的蠢将。伐其君、覆其军,才能吊其民;而用奇计、使诈谋,才能尽可能地少付出代价。在战时,不要轻信敌人的甘言美语,以免受骗。孙子"辞卑而益备者,进也;无约而请和者,谋也"(《行军篇》)的觇敌之术,不失为识破敌人诡诈伎俩的良法。

　　即使是相对和平的时期,敌我之间的"和平友好"往来,也不得不谨防有诈。西晋初年,晋吴对峙。吴人不能越淮汉而北取利,晋人也不能临长江而南窥吴,双方力均智侔,一时谁也不能战胜谁。于是东吴的守将陆抗与西晋的守将羊祜互相修好,以示恩信。羊祜对陆抗送来的美酒,不问一声就喝了,以示信任;陆抗生病,羊祜送去草药,陆抗也服之不疑。时人都称赞他们有春秋时期郑子产和吴季札那样的情谊。然而,当时晋国内政清明,吴国却内政混乱。双方修好的结果,是人心思晋,而吴国的军民渐渐失去了斗志。后来晋军发起进攻,吴国便一败涂地了。羊祜的"恩信"政策,正是收买人心、瓦解敌人的军事策略。

第十二章　制胜三十六法(二)

十一、多方误敌

古今战争胜负,多在一误。我不误,则敌无可乘之机;敌不误,则我无制胜之权。故孙子曰:"不可胜在己,可胜在敌。"(《形篇》)误有消极的一面,但善而用之,则可以变消极为积极,化腐朽为神奇。

化奇之法,在于移"误"于敌,即想尽一切办法造成敌人误解误识。前面我们在讲"奇正"关系时,曾说过在实力、意图等方面误敌,那仍是比较常规的误敌办法。在以"诡道"取胜的战争中,聪明的将军常常能采用多种方法,使敌人落入圈套。"多方",即多端、多法之谓。有时一箭而双雕,有时数箭才一雕;有时一伏只一计,有时数计胜一役。有时明,有时暗;有时奇,有时正。误敌之法变幻无常,让人防不胜防。

在古今军事谋略家中,曹操可算是诡诈成性、多方误敌的高手。曹操征关中,不从西河入渭北,反而明火执仗地攻打马超率重兵把守的潼关。马超以为曹军将由潼关攻入,急调重兵防守,曹操却暗调偏师,从山西境内西渡黄河,深入马军腹背。示形于南,反攻其北,此所谓"声东击西"。别部偷渡成功,在渭北扎下脚跟后,曹操大部队才放弃潼关,挥师北进。马超乘船来战,曹操则"放牛马以饵敌"("以利诱之"),趁敌人争夺牛马混乱之际,曹军顺利渡过了黄河。既济黄河,曹军沿黄河西岸筑甬道,南逼渭水("为不可胜"),并将实力隐藏起来("示敌不能")。继而曹军进守渭汭,多设疑兵,夜造浮桥,分兵渭南。敌人夜来攻营,则以伏兵破之。大兵渡渭,安营于沙滩,因土质松软无法筑垒。曹操遂借天寒之利，令三军乘夜用沙土筑城，灌以渭水，使之结冰自坚。马超前来挑战，曹操置之不理，唯坚壁养锐（"反客为主"）。马超索战不得，遂请割地、任子，曹操皆佯言许之（"顺详敌意"），以麻痹敌人。马超营中的韩遂，父亲与曹操为同年孝廉。韩遂请见曹操，曹操与他并马而行，抵掌而笑，却只谈京都故旧，不及军事。韩遂归营，马超等人问他所谈内容，韩遂无言以对，马超等人皆不信。既而曹操又修书韩遂，故意在要害处多所涂抹，一如韩遂畏罪改动。马超见了，更加生疑（"亲而离之"）。曹军既站稳脚跟，又使马超放松了警惕，还挑起了敌将内部矛盾，于是克日会战。会战之时，曹操先以轻兵挑之，鏖战良久，复出骁骑夹击，遂大破之，马超、韩遂败走凉州（此乃"以正合，以奇胜"）。在这场战争中，曹操计中套计，奇中又奇，真不愧是善于"多方误敌"的老手，无怪他自诩"多智"了。

　　"多方"，关键是使敌人难测深浅、不识真相。只要善于利用一定的背景，即使玩弄相同的把戏，也可以计出制敌。春秋时，晋人伐齐，在山泽险阻、兵所不能到之处广植旌旗，造成兵众遍野的气势，又叫人随车拖曳树枝，弄得灰土满天，"齐侯见之，畏其众，乃脱归"。（此乃曳枝以示强）晋又与楚战，"使舆曳柴而伪遁"，楚人追之，大败而归。（此乃曳枝以示败）同是曳枝，前后用在不同的条件下和不同的背景中，收到"示强"和"示败"两种不同的效果。虽是故伎重演，却演得天衣无缝，用计于敌人不测之际，因而获得"形之，敌必从之"之效。我们不得不佩服晋人玩诡道之"多方"。孙膑与魏战，减灶示弱，使庞涓轻进，这是利用了魏人素来轻视齐军的虚骄心态；虞诩征反羌，增灶示强，羌不敢搏，这是因为虞诩事先上书请兵的缘故。春秋时，楚人伐郑，逼其郭门，郑人"悬门不发"，而楚不敢进，这是因为当时有诸侯增援的风声。（这是中国历史上最早的"空城计"）司马懿大军进迫阳平，诸葛亮计穷之下，大开西门，司马懿因疑有伏兵而退，这是因为司马懿心中有"诸葛一生唯谨慎"的成见。南朝梁将领冯道根守阜陵,治城未毕,魏军掩至城下,"城中众少,皆失色",道根"命广开城门,缓服登城",只派精锐二百人出城与魏军战,却打败魏军,使魏军不进反退,这是因为魏人士气已被梁兵锐气所威慑。

上述战例中,"曳柴扬尘"用了两次,"减灶增灶"用了两次,"空城计"则用了三次。其形迹前后相同,兵家不会不知,却屡试不爽。究其原因,都是施计者利用了一定的背景,让人感到深不可测。可见,只要用得巧、用得好,老办法亦能建新功,不一定非得发明什么人们闻所未闻的奇计。

在孙子的军事谋略智慧中,"多方误敌"有着十分突出的地位,向来为历代兵家所重视。本书归纳的制胜之术里,可以说几乎都或隐或显、或明或暗地体现着这一点;《三十六计》中的"声东击西""瞒天过海""笑里藏刀""调虎离山""假痴不癫"等,也都属于"误敌"之法。至于古今中外战争中运用"误敌"之法而取得胜利的实例,更是不胜枚举。

十二、乱而取之,怒而挠之

《计篇》曰:"乱而取之,怒而挠之。""乱"的意思很明显,但对于谁乱、怎样乱的问题,自古注家看法不一。

一说"乱"指敌乱。敌乱的原因,又有自乱、他乱之别。杜牧注:"敌有昏乱,可以乘而取之。《传》曰:兼弱攻昧,取乱侮亡,武之善经也。"梅尧臣注:"彼乱则乘而取之。"此为乘敌自乱而取之。《三十六计》所谓"隔岸观火、混水摸鱼、趁火打劫",皆此法。李筌说:"敌贪利必乱也。"贾林注:"我令奸智乱之,候乱而取之也。"这是他乱,即我方使敌混乱,然后乘其混乱而打击之。

一说"乱"指我乱。张预注:"诈为纷乱,诱而取之。"意为我假示混乱,诱敌上当,即多方误敌。

孤立地讲"乱而取之"，这几种解释都说得通，而且在"以诈立"的军事生活中都很适用。但若结合上句"利而诱之"，则以"使敌致乱"的说法较为合理，也以"使敌致乱"最可玩味。《虚实篇》中讲"胜可为也，敌虽众可使无斗"，就是说取胜的条件是可以创造的，通过努力可使强大的敌人失去作战能力，而"使敌致乱"就是最佳方式。

春秋时期，吴国强大，越王使西施淫乱之、懈怠之，然后制造可乘之机，一举灭吴，此乃美人计。项羽有范增为谋主，陈平行反间，使项羽怀疑范增，增一怒拂袖而去，这是反间计。秦国强大，东向蚕食诸侯，咄咄逼人，韩国派遣"水利工程师"郑国入秦，游说并组织秦人在关中修渠，耗其财力，减弱其进攻势头，这是派智谋之士乱秦。前秦苻坚率百万人马伐东晋，谢玄、谢石领八千之师抗击。秦军兵临淝水，二谢要求苻坚后退，让出阵地，以便决战。秦军一退不可止，阵脚大乱。二谢趁机渡水掩杀，大败秦军。这是临阵乱敌之法。

乱敌之法，不可一概，当从敌之要紧处，针锋相对。其君明智，则乱其心；其将智勇，则离其间；其国殷富，则糜其财；其军治严，则乱其行；其臣多谋，则去其臣；等等。杜牧注"怒而挠之"曰："大将刚戾者，可激之令怒，则逞志快意，志气挠乱，不顾本谋。"《九变篇》中也有"忿速可侮"之法，忿速即刚怒、偏急之意。利用敌将多怒少谋、刚愎易暴的特点，设法使之发怒，令其失去理智，背弃优势，受我调动。楚汉战争时，项羽东击彭越，令曹咎守成皋，与汉对垒。临行前，项羽嘱咐曹咎慎守勿出。可是，面对汉兵的凌辱和挑战，曹咎忘记了项羽的话，一怒之下，轻出营垒，准备渡汜与汉军决战。半济之时，楚军被汉兵掩杀。隋末，李渊起兵反隋，兵至霍邑，宋老生守城，城坚难攻。李世民只以数骑直驱霍邑城下，以鞭指挥，作围城欲攻之状，使"老生怒，开门出兵"，在平原上与李渊的部队较量。宋老生失去城守优势，结果战败成了俘虏。

激怒敌人，方法与利诱不同，原理却相近，都是让敌人心乱智迷，不顾本谋，草率应战，为了逞一时之快、泄一时之愤，不惜丢掉优势，与我进行不适当的决战。利诱，是使敌人利令智昏；怒敌，是使敌人怒迷心窍。两者都是使敌人失去正常思维的能力，不能发挥正常力量。

十三、离间之计

孙子有"亲而离之"语，见于《计篇》，曹操注仅说"以间离之"，未指明离间的具体内容。自杜佑、李筌、杜牧至陈皞、梅尧臣，都说离间其"君臣""上下"。就是说如果敌人内部亲密团结，就要设法离间它，从内部瓦解敌人。

张预注："或间其君臣，或间其交援，然后图之。"认为离间敌人分两个方面：一是从内部攻破，二是从外交上突破。孙子《谋攻篇》中有"上兵伐谋，其次伐交"语，说明孙子有离间敌人外交与国的思想，因此，张氏之说更为完备。

杜佑《通典》引《大唐卫公李靖兵法》说："历观古人之用间，其妙非一，即有间其君者，有间其亲者，有间其贤者，有间其能者，有间其助者，有间其邻好者，有间其左右者，有间其纵横者。故子贡、史廖、陈轸、苏秦、张仪、范雎等，皆凭此术而成功也。"（《通典》卷151）

"间其邻好"与"间其纵横"是离间敌人外交关系，其余都是离间敌人内部关系。子贡、史廖、陈轸、苏秦、张仪、范雎等人，都是春秋、战国时期善于利用外交矛盾瓦解敌人国际阵营的高手。可见自古兵家都注重从内政、外交等方面瓦解敌人。间敌外交的问题，下文"善兵伐交"一计中会有详细阐述，这里暂且放下。我们于此只介绍间敌内政的方法。

孙子说"亲而离之"，首先是离间敌之用事能臣、惯战名将、多智谋主，使其能人不用、名将息鞍、谋主赋闲。这既可达到削弱对手的目的，又用不着在战场上厮杀，免得消耗自己的力量。其次是离间其将帅之间、将士之间的合作和信任关系，使其将帅不睦、官兵掣肘，从而使敌将号令不行、指挥不灵,让敌军陷入混乱局面。离间计用之得法,是具有无比杀伤力的秘密武器。

战国时,燕昭王派乐毅伐齐,连下七十余城,齐人退保莒与即墨而已。乐毅能征惯战,齐人已失去了反抗的实力。燕昭王死,惠王即位。齐将田单侦知惠王为太子时曾与乐毅有旧怨,于是实施离间之计,说:"齐国只有两座城池未下,并不是燕人打不下来,而是乐毅担心惠王算旧账,不敢回去。他借伐齐之名,企图收买齐国民心,以便据齐称王。如果由他人代替乐毅,即墨指日可下。"燕惠王轻信间言,派人取代乐毅,乐毅畏惧,逃奔赵国。田单成功地假手燕昭王,除掉了强大的对手。

刘项相争,项羽英勇善战,又有范增为其谋主,打得刘邦丢盔弃甲,几次险些丧命。陈平为刘邦定离间计,以重金左右打点,到处宣扬说范增欲与汉王刘邦联手,背弃项羽,瓜分天下。一次,项羽派使者到汉王营中,刘邦命人摆设丰盛的宴席。见到使者后,刘邦却假装吃惊地说:"我以为是亚父(范增)的使节,没想到是项王派来的。"让人将盛宴抬回去,换上粗劣的饭食。使者回去如此这般地汇报,项羽遂怀疑范增,不再听从他的意见。范增大怒,拂袖而去,未至彭城,疽发于背而亡。项羽自失去范增后,每况愈下,直至失败。

离间之计,借刀杀人,容易达到战场上硬打死拼也未必能实现的置敌于死地的目的。

十四、利而诱之

《计篇》曰:"利而诱之。"《势篇》曰:"以利动之,以卒待之。"《虚实篇》曰:"能使敌人自至者,利之也。"

我方欲战,应诱敌深入,待其进入我方的有利地形中,再予歼击。诱敌之术,关键在一个"利"字。鱼能咬钩,因有香饵;人会上当,因有利益。善于调动敌人者,要委敌以小利,引其上钩,甚至假意造成战略上的疏忽以引诱敌人。

春秋时，楚人围绞，纵樵采之人以诱绞人。绞人出城争夺樵人，却被楚军伏兵袭击。这是以小部分打柴的士兵诱敌。吴王僚与楚战，先以未经训练的罪徒三千，进攻楚的盟军胡国、沈国和陈国军队，罪徒交战即败，狂奔乱突，盟军争相捕捉，阵势一片混乱。吴国大军趁机掩杀过来，盟军大败。这是假装战术失误诱敌。战国时，李牧委匈奴以牛马，诱其进入伏击圈，然后大败之。这是以牛羊以及小部分士兵来诱敌。西汉末年，光武大将邓禹追击赤眉军，赤眉军佯北，以车载土，覆以大豆，弃之于道。邓禹军乏食，争相取食，一片混乱。赤眉伏兵突袭，大败禹军。这是用敌人最需要的粮食诱敌。

诱敌没有固定的方法，关键要让敌人见了动心。诱敌的目的是歼敌，因此"以利动之"的同时，还要"以卒待之"。诱敌之先，必须做好"待"的准备。

"以卒待之"，一本作"以本待之"。李靖说，"本"即"正兵节制之师"。李靖所说可理解为以奇兵诱敌，以正兵待敌。其实未必。诱敌深入，最好的待敌方法是伏兵。伏兵既不是正兵，也不是奇兵，不要拘泥形名。

同时，孙子又告诫指挥者"佯北勿从，饵兵勿食"（《军争篇》），要谨防敌人"利而诱之"。曹刿从鲁君与齐人战，齐人败北，公将追击，曹刿说不可。他"下视其辙，车辙乱藉；上望其旌，旌旗参差"，确认齐人真是败北了，才命令追击，原因是"大国难测，惧有伏焉"。岂特大国难测，战争中，小国也不是老实的。鲁国与晋国等诸侯联军讨伐附庸小国偪阳。大军压境，偪阳伪降，大开城门，诸侯军才进了一半，城门突然下降，欲将诸侯军切成两段予以分歼。还是孔子的父亲叔梁纥将城门托起，诸侯军才得以退出，免中偪阳饵兵之计。

我利诱敌人，敌人亦利而诱我。对敌，我要采取主动措施，"利而诱之"，使其上当；对己，我又要谨防敌人诱我，"饵兵勿食"，以免上当。"利而诱之"其权在我，"饵兵勿食"其权在敌，其实是一个原理的正反两个方面。

十五、以逸待劳

《军争篇》曰："以近待远，以佚（逸）待劳，以饱待饥，此治力者也。"

战争终究是实力的较量，而实力的培养，又直接关系到实力的有效发挥。孙子将正确培养和动用军事力量的方法，归结为三点：一是"以近待远"，二是"以佚待劳"，三是"以饱待饥"。其总体精神是使自己保持旺盛的活力，核心就是"以佚待劳"。

"以近待远"之法，孙子在十三篇中多有论述。在《虚实篇》中，孙子说："凡先处战地而待敌者佚，后处战地而趋战者劳。故善战者致人而不致于人。"致人，调动敌人，是主动；致于人，被人调动，是被动。调动敌人长途跋涉，不仅在体力上劳敌，而且在兵力上、后勤上，都给敌人造成很大不便。在《军争篇》中，孙子具体分析说：如果远道赴战，全军行动，就会影响战机；不全军行动，就会丢掉辎重。又说："百里而争利，则擒三将军。劲者先，疲者后，其法十一而至；五十里而争利，则蹶上将军，其法半至；三十里而争利，则三分之二至。"敌军不能完整到达，兵力受损；到达的士兵也是强弩之末，战斗力大减。辎重不能随带，粮草亦成问题，"军无辎重则亡，无粮食则亡，无委积则亡"。这样必然我逸敌劳、我饱敌饥。

"以佚待劳"之法，是在进行实力较量之前，将敌人力量化为乌有，使自己"胜于易胜"。如果敌方处在"佚"的状态，并不疲劳，则可"佚而劳之"（《计篇》），先使其劳倦，再伺机出击。对于强大之敌尤应如此。这也是兵家胜算之一。

孙武与伍员佐阖闾，欲进攻楚人。其时楚国兵强力壮，难以力取，阖闾问计于伍员。伍员认为，楚人政出多门，行事乖张，必不能应付变故，可定计误之，使其劳困。他说："若为三帅以肆（劳）焉。一帅至，彼必皆出。彼出则归，彼归则出。楚必道弊（疲于道路）。亟肆（劳）

以罢(疲)之,多方以误之。既罢,而后以三军继之,必大克之。"其方法是,将吴国军队组成三支,分由三帅统领,轮番骚扰楚国,却不与楚军正面交战。楚人不知吴军多寡,必倾全力来救。楚师一出,吴师即班。楚师一退,别帅又出,楚人必然又全军而来,来则吴人退师。如此来回折腾,楚人一年七出师,疲于奔命。而吴国每次出征不过三军之一,所劳面窄,所逸面广。楚军疲惫松懈,吴人即大起三军,攻击疲惫的楚人,结果一战入郢。

劳敌战术使用得当,不仅可以起到使敌人疲劳、削弱敌方战斗力的效果,而且可以让敌人放松警惕,收"瞒天过海"之功。《三十六计》曰:"瞒天过海,备周则意怠,常见则不疑。"经常袭扰敌人,敌人就会习以为常,放松警惕。南北朝末期,隋欲灭陈,隋将贺若弼多次调集沿江部队,到历阳(今安徽和县境内)集结。初时,陈朝以为隋军将在那里进犯,急调大军加强江防。结果,每次隋军都不过是简单地调防。这样三番五次演习,陈人便习以为常,隋军再有调动,也无动于衷了。隋军趁陈人懈怠之际,发起真正的攻势,使陈朝在无备中丢掉了江防重镇南徐州(今镇江)。

十六、将计就计

《九地篇》曰:"故为兵之事,在于顺详敌之意,然后能为胜败。"

"顺详敌之意",曹操注:"佯愚也。"顺,即听从;详通"佯",即假装。这句话是说要假装不知道敌人的计谋,顺从敌人的旨意,麻痹敌人,以期最后取胜。

《三十六计》中有"假痴不癫"计,曰:"宁伪作不知不为,不伪作假知妄为。"宁愿假装糊涂、有所不为,也不假装聪明、妄作妄为。"假痴"的目的,是要敌人不知我有智有谋。特别是对敌人的计谋,更要假装不知,甚至还要装着上当的样子,让敌人自以为得计,放松警惕,我再将计就计,后发制人。

战国末年，匈奴受制于东胡。东胡君向冒顿单于索要匈奴国宝千里马。匈奴众人欲不给，冒顿说："怎么可以因一匹马而伤和气呢？"后来，东胡君又提出更无礼的要求，要冒顿的阏氏（王妃）。这更犯了众怒，可冒顿还是说："怎么可以因一妇人而得罪东胡呢？"随后，冒顿将阏氏送去了。东胡君以为冒顿畏惧自己，不再提防他，结果被匈奴人一战而败。此乃顺其意而骄之。十九世纪初，拿破仑追击俄军至奥尔莫乌茨，沙皇以为决战时机已经成熟，要求与拿破仑决战。将军库图佐夫则认为应继续退却，等时机成熟后再战。拿破仑揣测到俄军内部这两种意见，希望尽快决战，避免持久战。于是，拿破仑假装害怕决战，命令先头部队停止进军，并遣使请求媾和。沙皇认为，像拿破仑这样不可一世的人，向人乞和，肯定是陷入了走投无路的境地，于是下定决心与拿破仑决战。不用说，沙皇落入了拿破仑将计就计的圈套，大败而归。此乃利用敌人的错误心理而误敌。

古兵家说"敌人之谋不可不知"，不知其谋则无法制定对策。敌谋既知，对策就多种多样：有针锋相对，挫其谋于未施之时；有顺佯其意，将计就计，顺其道而制其人。敌人欲进，我坚决抵抗；敌人欲退，我坚决阻击：这是针锋相对、硬拼硬打。要与敌人针锋相对，己方必须气壮力实，具有压倒性优势。如果力不支、气不壮，莫若将计就计、顺佯敌意，伺机后发制人。若敌欲进，则我先退，设伏以待之；若敌欲退，则我故意留出缺口，使敌分散，然后分而击之。

十七、形人而我无形

李靖曰："孙武所谓'形人而我无形'，此乃奇正之极致。"（《李卫公问对》卷上）孙子"形人而我无形"一语，在许多场合都适用。在使用奇正之术时，我以假意图示人，正法让敌人视为奇法，奇法让敌人看作正法，这是"形人"。临战之际，我以奇法行正法，以正法行奇法，亦即反"形人"之道而行之，这就是"无形"。

在实力的显现上,也可使用"形人而我无形"之术,把自己虚假的实力给敌人看,而将真实实力隐藏起来。"能而示之不能,用而示之不用",所以示人者为我之虚形,所以备敌者才是我之实力。我所"形"实际并未告诉敌人任何东西,这就是"无形"。到了"无形"的境界,再狡猾的间谍、再聪明的对手,也不能窥探我的虚实了——"故形兵之极,至于无形;无形,则深间不能窥,智者不能谋"(《虚实篇》)。

《计篇》曰:"兵者,诡道也,故能而示之不能,用而示之不用。"用兵是诡诈之道,关键在于设法迷惑敌人,使敌人产生错觉而采取错误的行动。己方本来有实力作战,偏偏要做出无力作战的样子,引敌人轻进,然后伺机歼之。采取此计的前提必须是"能",己能,欲消灭敌人,希望敌人进攻,进入我的圈套,这才"示之不能"。否则就另当别论。

西汉初年,匈奴为寇,刘邦先后派十余位使者去侦探,都说敌人可击。后来又派刘敬去,刘敬却说敌人不可击:"两国作战,都要示强以威敌。可我这次去,只看到老弱病残和一些瘦骡、病马。匈奴以短示我,其中必有阴谋,故不可击。"刘邦不听,挥兵平城,结果被匈奴出奇兵围困,七天七夜不得饭吃。这是刘邦不知敌人示弱之计而吃了亏。

战国赵将李牧驻兵代郡雁门,抵御匈奴。他自署官吏,自征租税,厚待士卒,习骑射,谨烽火,多派间谍,可就是不与匈奴交战。匈奴以为李牧胆怯,赵王也对他极不满,派人替换他。新换的人轻进勇锐,每战必败,赵王只好又起用李牧。牧到任,仍然示匈奴以怯,匈奴也恬然不怪。等边士精壮熟练,都请求一战以报效国家时,李牧才精挑士卒,大纵畜牧,人徒满野,引诱匈奴。初时,匈奴小入,李牧佯败。单于闻之大喜,于是率大众入寇。李牧乃多设奇阵,左右夹击,弓弩齐发,射杀匈奴十余万骑,单于仅以身免。此后十余年间,匈奴不敢南下而牧马。此乃示敌以怯弱。

"用而示之不用"中的"用",指任用将领。对于敌人畏惧的我方将领,要用却示之不用,使敌人放下戒心,落入我方彀中。当然,如果不想打伏,则可采取相反的策略,不用而示之用。战国末年,秦军先以王龁为将攻赵长平,及赵人以赵括代廉颇,秦暗中易将白起,令军中不得泄露。赵括素来轻敌,不知敌已易将,更不知敌将战术,糊里糊涂地进入了敌人埋伏之中,致使赵军全军覆没,四十万士兵被坑长平。

三国时,关羽在荆州与吕蒙对垒。吕蒙虽然与关羽倍修恩信,但关羽北攻曹魏樊城时,还是留驻大军屯守南郡,以防有变。吕蒙知道关羽的心意,于是上书孙权,故意让孙权将自己"露布"(公开的文书)召回,以示不用。关羽得知吕蒙废退,遂将南郡守兵北调,增援攻打樊城。孙权乘机暗中起用吕蒙,偷袭南郡,关羽遂败。

"能而示之不能,用而示之不用",以假象示人,虚虚实实,致敌生误,这是"形人而我无形"的具体运用,可达到"我专敌分,以众击寡"的目的。《虚实篇》指出:"形人而我无形,则我专而敌分。我专为一,敌分为十,是以十攻其一也,则我众而敌寡。能以众击寡者,则吾之所与战者,约矣。"

除了我军实力"无形"外,我方战略意图、决战地点等也要"无形"。孙子曰:"吾所与战之地不可知,不可知,则敌所备者多;敌所备者多,则吾所与战者,寡矣。故备前则后寡,备后则前寡,备左则右寡,备右则左寡,无所不备,则无所不寡。寡者,备人者也;众者,使人备己者也。"(《虚实篇》)让敌人处处设防、时时虚惊,兵力分散,疲于奔命,自然会减弱其战斗力。

以强示人,我反不攻;以弱示人,我反胜之。示形于南,反攻其北;声在其东,而击其西。我表现的是一套,实行的却是另一套。这样就可以使敌人糊里糊涂地钻入口袋,当了俘虏却"丈二和尚摸不着头脑",不知道自己输在哪里。甚至连我方士兵也不知道取胜的原因。这是运用"形人而我无形"之术的最高境界。故孙子曰:"因形而错胜于众,众不能知;人皆知我所以胜之形,而莫知吾所以制胜之形。故其战胜不复,而应形于无穷。"(《虚实篇》)"形人"非我之真,而"无形"
乃我之实。以有形之虚误敌,而以无形之实攻击敌人,主动在我,被动
在敌,运用之妙,存乎一心,每战不复,以至于"应形于无穷"。

"示形"要做得巧妙,让敌人信以为真而上当,就像"利以诱之"要
让敌人动心一样。《势篇》有"形之,敌必从之;予之,敌必取之",《三
十六计》有"抛砖引玉"之计,能与此相印证。"抛砖引玉",今人多用
其以不成熟的意见引出高见奇谋之意。军事学上的"抛砖引玉"另有
所指:"类以诱之,击蒙也。"——用极其类似的东西迷惑敌人,使之受
骗。二战期间,美军情报部门破译日军电文,其中经常碰到"AF"一
词,这显然是个代号,但不知其所指。经分析,美军认为这个代号可能
指太平洋美军基地——中途岛。于是,美军编造了一条"中途岛淡水
设施出故障"的消息。不久,美军又破译一份日军电文,说"AF很可能
缺少淡水",从而巧妙地证实了"AF"就指中途岛,并进一步推断日军
将袭击中途岛。于是,美军将计就计,等待敌人来攻,使日本在中途岛
战役中吃尽苦头。

十八、致人而不致于人

《虚实篇》中说"善战者致人而不致于人","致人"即调动敌人,
"致于人"即被人调动。善战者就是要控制战争局势,而不被敌所控
制。打不打仗,怎样打仗,在什么地方打仗,以什么方式打仗,主动权
要完全控制在自己的手中。李靖归纳孙子军事思想说:"千章万句,不
出乎'致人而不致于人'而已。"(《李卫公问对》卷中)

"致人"第一法,在于"攻其必救":"故我欲战,敌虽高垒深沟,不
得不与我战者,攻其所必救也;我不欲战,虽画地而守之,敌不得与我
战者,乖其所之也。"(《虚实篇》)我欲战,敌人就是高墙深池,也不得
不与我战,因我攻其所必救;我不欲战,我虽然画地而守,敌人也无法
寻衅,因我走与敌人相反的方向。孙膑的"围魏救赵"之术,即"攻其

所必救";我抗日军民绕道敌后,开辟根据地,日寇无法决战,就是"乖其所之"。

"致人"第二法,是利用敌人的弱点。《老子》曰:"高下相倾,长短相形。"任何事都不是绝对的。高低长短都在比较中形成,没有绝对的高低长短。只要善于利用,促其转化,敌之长处就不难转化为短处。《九变篇》曰:

> 故将有五危:必死可杀也,必生可虏也,忿速可侮也,廉洁可辱也,爱民可烦也。凡此五者,将之过也,用兵之灾也。覆军杀将,必以五危,不可不察也。

将有"必死"之心,是其勇也,但过勇必少谋,"必死"则轻生。这样的敌将,不可生擒,不可劝降,只有用计除掉。项羽勇冠三军,死而后已,必无可降之理,也不会打了败仗后去见"江东父兄",因此,只要用计一逼,他就自刎垓下了。"必生"是贪生怕死,这种将领用不着往死里打,只要诱之以利,或抓住要害胁迫他一下,就可以令其乖乖就范,将其虏获。"忿速"是狷急易激动,这种敌将就用侮辱性的语言来激怒他,使其丧失理智而不顾利害、自投罗网,如项羽神将曹咎者是也。"廉洁"的人也有缺点,那就是过于爱惜名誉,将名誉视为命根子。除之之法,是污蔑他、诋毁他。"爱民"本属仁者,但"邻国有圣人,敌国之灾也",故必除之。这种人也有弱点,那就是往往受民生世情牵绊。对付这种人,就要攻其民,以烦其心、累其志。北周末,杨坚遣韦孝宽与尉迟迥战于邺城。迥有众十三万,素习军旅,麾下将士为之死战。孝宽初合失利,"邺中士女,观者如堵",乃先攻观者,迥军大惊扰攘,遂被韦孝宽所乘。

"致人"第三法,是"制其所爱"。孙子曰:"先夺其所爱,则听矣。"(《九地篇》)其内容详见下文。

总之,善致敌者,将利用各种机会调动敌人,使自己始终处于主动地位,一旦有可乘之机,我将毫不犹豫地对敌人发起凌厉攻势。主动在我,也就胜券在握。无怪乎李靖要将孙子兵学的实质归结于此了。

十九、制敌所爱

《九地篇》曰："敢问：'敌众整而将来，待之若何？'曰：'先夺其所爱，则听矣。'"又曰："敌人开阖，必亟入之。先其所爱，微与之期。践墨随敌，以决战事。"

前一句讲动敌之术。我要调动敌人，必先控制敌人之"所爱"，抓住敌人的要害。后一句讲攻人之术。敌人只要有可乘之机，就立即攻其要害，然后根据敌人的行动规律，决胜战事。两句的关键都是制其"所爱"。

什么是敌之"所爱"？曹操注："夺其所恃之利，若先据地利，则我所欲必得也。"曹操所解，"所恃之利"是"所爱"的实质，"地利"是举例，故前有一"若"字。后来注家，彼此互异。李筌说是"敌所便爱也，或财帛子女"；杜牧说是便地、田野、粮道三者，是敌所"爱惜倚恃"；王晳说是地利与粮道；张预说是便地与粮食；陈皞、梅尧臣则给"爱"下了更广泛的定义，即"顾爱之事"。

我们认为，陈、梅之说最全面，曹操之说最本质。至于诸家所列举，都不无可取，但不全面。敌之所爱，一般而言，是与战争有关的事物，当然以地利、粮食（或粮道）为主。但具体情况不同，其所爱也不尽相同，不能刻舟求剑，定为一种。如果敌人军中缺粮，当然以粮食（或粮道）为爱；如果缺水，当然以水源为爱。敌人的"所爱"，还得视敌将的心理特点而定：其人爱民，则以民为爱；重情，则以亲友为爱；贪财，则以金钱玉帛为爱；好名，则以清名美誉为爱；好勇，则以死战为爱；忠君，则以君命为爱；等等。关键要视当时敌人最迫切的需要和依恃，来制其所爱。

第十三章 制胜三十六法(三)

二十、禁祥去疑

"禁祥去疑",语出《九地篇》。曹操注:"禁妖祥之言,去疑惑之计。"祥,即征兆,亦即灾异;疑,即犹豫、疑惑。《易》曰:"人谋鬼谋,百姓与能。""祥"即"鬼谋","疑"即"人谋",为何都要禁止呢?原来,"人谋"在断疑,疑而无断,是为犹豫。犹豫败事,如何不去?吴起曰:"用兵之害,犹豫最大,三军之灾生于狐疑。"故非禁之不可。"鬼谋"贵在能佐人事,若无益于甚至有害于人事,则必须禁止。《黄石公三略》曰:"禁巫祝,不得为吏士卜问军之吉凶,恐乱军士之心。"人智不齐,所虑各异,结论不同,影响统一行动;鬼神不明,或凶或吉,影响战略决策。因此,军中必禁巫祝龟卜之事,尤其要禁止士兵求巫问卜,以免妖言惑众。同时也要"革其谋",使士兵"无识""不得虑"(《九地篇》),以免虑多计杂,反害大事。

最高的军事指挥层,也要将战胜敌人的希望建立在人事努力的基础上,不要因妖祥缚住手脚。故孙子曰:"明君贤将,所以动而胜之,成功出于众者,先知也。先知者,不可取于鬼神,不可象于事,不可验于度,必取于人,知敌之情者。"(《用间篇》)军事情报,不能靠神的启示,只能通过严密的侦察得来。周武王伐纣,师次汜水牛头山,风疾雷猛,鼓毁旗折,武王的骖乘也惶恐而死。若依阴阳家言,此必不吉之兆。太公吕望却说:"用兵者,顺天之道未必吉,逆之不必凶。若失人事,则三军败亡。且天道鬼神,视之不见,听之不闻,智将不法,而愚将拘之。

若乃(如果)好贤而用能,举事而得时,此则不看时日而事利,不假(借)卜筮而事吉,不待祷祠而福从(降)。"周公却说:"今时逆太岁①,龟灼(占龟)告凶,卜筮(以蓍草卜)不吉,星变为灾,请还师。"太公怒曰:"今纣刳比干,囚箕子,以飞廉(恶人)为政,伐之有何不可?枯草朽骨,安可知乎?"于是烧掉龟壳,折断蓍草,手执枹鼓,率众先渡,一举灭纣。

天道鬼神,不过是人们手中的"橡皮泥",欲方则方,欲圆则圆,全在人为。战国时,齐将田单声言神援兵机以安众心;秦朝末年,卜者教导陈胜"卜鬼"以威众人。这些都不过是借鬼神来制造迷信色彩,以威服别人,切不可被自己创造的偶像束缚手脚。聪明的将领不仅不信神,而且善解妖祥,以壮士气。南朝宋武帝围慕容超于广固,诸将劝曰:"今往亡之日,兵家所忌。"宋武帝曰:"我往彼亡,吉孰大焉?"攻之遂克。北朝后魏太祖道武帝讨后燕慕容麟,以甲子晦日出兵,从将谏曰:"昔殷纣以甲子日亡。"武帝应声曰:"周武王不以甲子日兴乎?"这都是善解神道以佐人事的聪明之主。

《尉缭子·武议》曰:"举贤用能,不时日而事利;明法审令,不卜筮而获吉;贵功养劳,不祷祠而得福。"孟子曰:"天时不如地利,地利不如人和。"这些都是强调重人事、轻鬼谋。战争本来就是人事的较量,神道有时可作为威众的"诡道",但不可成为束缚自己的枷锁。

二十一、奇正相生,设伏制敌

《势篇》曰:"凡战者,以正合,以奇胜。"又说:"战势不过奇正,奇正之变,不可胜穷。"

孙子认为,战争只有两种类型,即正道和奇道。战争中复杂变幻的种种形式,都是由正道和奇道互相转化和演变出来的。孙子这里没

---

① 事见《左传》昭公三十二年。古以太岁所在不可伐。其时太岁在东,周人自西而东,迎太岁而行,是"逆"犯太岁,不吉,故周公有此语。

谈伏道（伏击战），但《孙子兵法》中有讲"伏兵"的地方。《行军篇》曰："军行有险阻、潢井、葭苇、山林、蘙荟者，必谨覆索之，此伏奸之所处也。"又谈觇敌之术曰："鸟起者，伏也。"这些都讲到慎防敌人埋伏。不过，当时的战争以阵地战为主，大量使用伏击战是战国以后的事情。班固《汉书·艺文志》曰："自春秋至于战国，出奇设伏，变诈之兵并作。"可见，春秋到战国，从堂堂正正的阵地战，到出奇设巧、变诈无常的伏击战，有一个发展演变的过程。春秋时期，设伏战在战争中并不占主要地位，故孙子将伏击战排在"战道"之外。有的注家将"伏兵"归入"奇兵"，也不无道理，但细论之，二者在战术上是有区别的。苏洵分攻守之道三："一曰正道，二曰奇道，三曰伏道。"在后世的战争中，伏击战越来越居于重要地位，故理当三道并列。

奇正之法，前章已论，要而论之，即常规与反常规、常道与非常道。孙子所谓"攻其无备，出其不意"，可尽"奇道"之谛义。为人所料者为"正"，不为人所料者为"奇"。奇正之术，必互相结合，相须为用。孙子曰"以正合，以奇胜"，就是此意。两军交战，正面接战为正，轻骑袭后为"奇"；主力攻战为"正"，精锐偷袭为"奇"；以阵地战制敌为"正"，以游击战歼敌为"奇"。行军也有奇正：大道坦坦，车水马龙，人来人往，出由此，入由此，我所必经，敌所必守，就是"正"；放开大路，占领两厢，以迂为直，后发先至，就是"奇"。"正"出于常规，"奇"出于反常规；"正"出于意中，"奇"出人意表。如果敌人知我奇计，有备以待我，其计虽巧，也不足为奇。如果我善于变化，以奇示敌，敌以为奇而备之；我再以正击之，虽不巧亦得为奇。善用奇正者能以奇为正、以正为奇，使奇正变化不可捉摸，循环没有止境。前人拘拘以骑为奇、以退为奇，如果故伎重演、老调重弹，所用计谋尽人皆知，又怎能以奇为胜呢？从这个意义上说，孙子所说的"以奇胜"，我们倒不妨解释为"胜乃为奇"。

伏道，是利用有利地形，于敌必经之地暗设伏兵突然袭击，可收以少胜多、以弱胜强、全歼全胜之功。伏道比正道、奇道有更大的取胜把握。在敌我力量相当的情况下，兵出正道没有取胜的把握，兵出奇道有一半以上的把握，兵出伏道则有十足的把握。原因是：正道为敌所必守，兵精力壮，不见得有便宜可捞；奇道，敌人可能有防备，也可能无备无兵，故有一半的机会取胜；伏道则设于无敌之处，敌人既无地利，又无准备，更无优势，所以凡是埋伏成功者，无不十拿九稳。

春秋时期，人们已将伏击战与诱敌深入结合起来，当时已发明了"三伏"战术。北戎侵郑，郑伯曰："彼徒（步兵）我车，惧其侵轶（侵犯）我也。"郑公子突献计说："使勇而无刚者，尝寇（挑战）而速去之，君为三覆（伏）以待之。"吴侵楚，楚将养由基先战不利，楚司马子庚增援，养由基说："子为三伏以待之，我请诱之。"结果，郑以三伏胜戎人，楚以三伏败吴军。其方法是：连设三级埋伏，形成口袋状，以弱师挑战，佯败，将敌人引入我伏击圈内。至第三道伏击点时，三级伏兵一时俱起，将敌切为两截，予以分歼。

二十二、以迂为直，后发先至

《军争篇》曰："军争之难者，以迂为直，以患为利。故迂其途，而诱之以利。后人发，先人至。此知迂直之计者也。"又曰："先知迂直之计者胜。"《九地篇》曰："兵之情主速，乘人之不及，由不虞之道，攻其所不戒也。"

孙子说"兵之情主速"，又说"先处战地而待敌者佚"，这是说参战必先期到达战场。要先到达，当然宜走捷径。然而通道坦途，我所欲由，敌必有守，如果一定经由直路，势必欲速不达。因此，为将者要懂得得与失、慢与快、迂与直、患与利的辩证法。直路难通，有时走弯路更快，此乃"以迂为直"，将迂曲之患转化为直捷之利。三国时期，魏兵伐蜀，邓艾避开蜀军剑阁之险，西行七百里，从阴平探险而下，直取江油。东汉初，吴汉讨公孙述，公孙述大兵据于成都东南大门广汉和资中一带，难以以近为速。汉兵乃南下江州（今重庆），然后秘密溯岷江而上，直捣成都西南。邓艾自西而南，吴汉自南而西，都绕道数百里，实现了"以迂为直"的目的。正面进攻有困难，侧翼而行天地宽；直道进军不能速，迂道而行往无前。此非"以患为利"乎？

怎样完成"以迂为直"之计？孙子举了两种情况：

一是"迂其途，而诱之以利。后人发，先人至"。敌我两军共赴一地（或同争一险，或同争一城，或同救一役），齐头并进，先至者胜，后至者败。此时，正道坦途，敌我必争，要尽量使对方放慢速度。办法是"迂其途，而诱之以利"：或者迂自己之途，以利诱敌，使其缓进；或者以利引诱，让敌人迂其途，从而达到"后人发，先人至"的目的。

二是"乘人之不及，由不虞之道，攻其所不戒也"。这是攻国取城时的战略。邓艾、吴汉所行，就属于这种情况。

二十三、分合为变

一般而言，兵分则力弱，兵合则力强。故要善于将敌人分散开来，化整为零，化强为弱，化众为寡，以便各个击破。

分敌有以下几种办法：

一是将我军行踪隐藏起来，使敌人不知虚实，处于处处防范的境地。处处防范，则处处用兵，其力量势必分散，那么我就可以集中力量打击分散之敌。正如《虚实篇》所说，我在暗处，敌在明处，敌不知我，处处防我，"则我专而敌分"。

二是我军主动地分出部分兵力作为疑军，使用调虎离山之计引开敌人主力，然后再以优势兵力打击余下的敌人。孙子所谓的"以分合为变"，多半就是指这一战术。

三是分兵布阵，更有效地利用有限的兵力。如古人所创立的"八阵""五行阵""六花阵""率然阵""鱼丽阵"等，可以更为合理地部署兵力，各阵之间互相配合，能更大限度地发挥战斗能力。《九地篇》曰：

"故善用兵者,譬如率然。率然者,常山之蛇也。击其首则尾至,击其尾则首至,击其中则首尾俱至。"这种阵法,一点受敌,其他各部则群起而增援之。这样受打击的面小,同时在兵力的调动上具有更大的灵活性。

率然之阵,揭示了分兵布阵的两个关键点:一是"势",二是"阵"。"势",是各部必救的趋势。"阵",即合理的兵力布局和阵法,能够充分发挥军队的战斗力。有了"势"和"阵",就可以实现兵分势合。

首先,欲使兵分势合,必须使士兵利害相关、生死与共。孙子说,吴人与越人相恶,平时水火不容,但当他们同舟共济遇到风雨时,则互相帮助,配合得就像左右手一样。原因何在? 生死的共同利益使他们忘记了一切分歧。治军亦然,"善用兵者,携手若使一人,不得已也"(《九地篇》)。善于用兵的将领,指挥三军就像指挥一个人一样,个中奥秘,就在于利害相关,即"不得已"。

其次,立阵是造成必救之势和可救之形的保证。如果没有合理的兵力部署,各部就不能利害攸关,就不会有必救之势;如果兵力没有合理的部局和联络,没有可救之形,就不能使各部在必要时实现互相救助。因此,自古兵家对战阵之法都十分讲究,"兵形势"类著作研究的就是这些内容。孙子也非常重视阵法。《汉志》录《吴孙子》有"图九卷",后世有《孙子八阵图》一卷、《吴孙子牝牡八变阵图》二卷、《吴孙子三十二垒经》一卷;《周礼·车仆》郑注《苹车之陈》,据说是八阵图之一种;《文选注》有"孙子曰:长陈为甄"(严可均《全三代文》引);等等。这些都是证明。可惜孙子的阵图已佚,不可详考。

据陈恩林先生《先秦军事制度研究》考定,"春秋时期的'军阵',名目很多,仅见于《左传》的,就有'鱼丽之阵''左右矩''荆尸''鹳''鹅''盂''角'等等"。其基本形式是"三阵"或"五阵",皆源于西周。"三阵",是兵分左、中、右三军,中军为主为正,左、右为辅为奇。"五阵",是前、后、左、右加中军。"三阵"宜于进攻,"五阵"宜于据守。

"五阵"前、后、左、右、中能互相配合，兵分可以更大限度地迎敌，互合又能最有效地聚歼敌人。后来又发展为"八阵"，也讲究变化和配合，四面八方都可应敌，也可互援。"三阵"容易被侧翼进攻，进攻时前锋在前，中军殿后，如果腹背受敌，回首不易。"五阵"进攻，前有前锋，后有后卫，前后都可以应敌，解决了侧翼问题，但还留有"四隅"（四角）的空隙。"八阵"则将四隅的空隙给补上了，可谓无懈可击，而且前、后、左、右都可应敌，变化灵活，配合方便，因而一直被兵家奉为至宝。

四是切割敌人，使敌人部别之间缺乏联系和增援。《九地篇》曰："夫霸王之兵，伐大国，则其众不得聚；威加于敌，则其交不得合。"又曰："古之善用兵者，能使敌人前后不相及，众寡不相恃，贵贱不相救，上下不相收，卒离而不集，兵合而不齐。"要切断敌军一切增援关系，使敌各部无法联系、无法增援，从而令其陷于彻底孤立的绝境。

五是半济而击。敌人兵众力强，无法全歼，就要利用一切地形因素，使敌人分割开来，以便各个击破。《行军篇》曰："绝水必远水，客绝水而来，勿迎之于水内，令半济而击之，利；欲战者，无附水而迎客。"此言诱敌半济之术：我横越江河，不要紧逼河岸设防，而要留出一点距离，做出无心应战的样子；敌人渡河时，不要在河中拦击敌人，要让敌兵渡过一半再杀他个回马枪。在陆地上也可实行半济之法。敌我双方在山隘两边相持，我出不利，敌出也不利。此时，我不要冒进，而应引军后撤，让敌人出隘口来追，等敌兵过来一半，再迎头痛击。《地形篇》曰："我出而不利，彼出而不利，曰支。支形者，敌虽利我，我无出也；引而去之，令敌半出而击之，利。"

二十四、兵贵拙速

今语所谓"兵贵神速"，即起于孙子的"兵闻拙速"一语。孙子曰："故兵贵胜，不贵久。"（《作战篇》）除非别有用心，出兵的目的都是取胜。只要能胜，即使计划不周密、装备不完善，也不要紧。

孙子说"兵闻拙速",主要是从攻战耗费过大的角度考虑的。《作战篇》曰:"其用战也胜,久则钝兵挫锐,攻城则力屈,久暴师则国用不足。夫钝兵挫锐、屈力殚货,则诸侯乘其弊而起,虽有智者,不能善其后矣。故兵闻拙速,未睹巧之久也。夫兵久而国利者,未之有也。"战争,是双方政治、军事、经济、人力等综合因素的较量。进行一场大规模的战争,短则数月,长则数年,近则数十里,远则上千里,耗时费财,不可计量。如果一个国家陷入无休止的战争中,就会国贫民穷,招来外寇。所以,攻国之仗宜速战速决。

从另一个方面讲,进攻的战争,多半以突然袭击的方式发生。如果以迅雷不及掩耳的闪电战术,直捣敌人要害,就很容易在敌人未及措手之时,迅速将其制服。若被敌人拖住,日久生变,就难以取胜了。

武则天登上皇位之初,徐敬业举兵于江都(今扬州),声称要匡复李唐王室。徐敬业问计于魏思恭,思恭曰:"兵贵拙速。但宜早渡淮北,亲率大众,直入东都(洛阳)。山东将士知公有勤王之举,必以死从,此则指日刻期,天下必定。"可是薛璋又劝徐敬业南渡长江,攻取有帝王之气的金陵(今南京),"兼有大江,设险自固"。徐敬业从了薛氏之计,错过了一鼓而北、西指洛阳的最佳时机。武则天得以调集大军,四面围剿。匡复大业,就此夭折。在当日看来,徐敬业没有根据地,没有强兵壮马,似为"拙"。但是他赢得了首事时间,置武则天于措手不及之中,又以匡复为号,很得人心。倘若义旗北指,必然应者如云,顷刻之间,兵到洛都,也许真能实现"试看今日之域中,竟是谁家之天下"的豪言,可惜坐失良机!

孙武佐吴伐楚,初期速战速决,但进入楚都之后,却未能迅速结束战事。战争前后历时将近一年,吴久暴师于外,师老民疲,因而被秦楚联军打退。这个教训也是惨重的。

二十五、不战而屈人之兵

孙子贵谋,尝曰:"百战百胜者,非善之善者也。不战而屈人之兵,善之善者也。"（《谋攻篇》）一枪一剑打天下，还不算好汉；不用枪、不用剑就能使强敌屈服，那了不起。因此，孙子将战争分为四等："上兵伐谋，其次伐交，其次伐兵，其下攻城。"（《谋攻篇》）攻打防守森严的城池，不仅耗费人力物力，而且己方难免伤亡；攻打之时毁城池、烧房屋，攻下来之后城池也变成了废墟一片。所以不到万不得已，就不要走攻城这个下下之策。打仗要士兵，要车马，要辎重，要武器，日费千金，困国劳民，弄不好还会亡国破家。所以，硬打硬拼乃是不得已的事。

孙武心目中的善战，是伐交和伐谋。伐交，是在外交和外援上孤立敌人，下面将专门讲述。伐谋，就是斗智、比计谋。兵有穷，力有限，唯智谋不分大小、不分老少，也没有穷尽，每用愈上。《尉缭子》说孙武"提三万之众而天下莫当"。难道三万之众真的能以一当十（或当百、当千）？非也，"天下莫当"者，乃孙武之计也。刘邦论将才，论武艺，论品行，论人望，论勇气，都远远不如项羽。两军对垒广武，项羽想得很简单，对刘邦说：天下百姓为我二人苦者久矣，愿释兵甲，让我二人决一胜负。刘邦一听，嘿嘿一笑，说："吾与子斗智不斗力。"结果，刘邦硬是战胜了不可一世的"西楚霸王"。

用智谋的最高境界是"不战而屈人之兵""伐谋"。战国初年，墨子智屈公输班，平息了一场如箭在弦的楚宋战争。战国之时，纵横家和游说之士，智下城池、平息国际争端更是家常便饭。苏秦一身兼佩六国相印，就是智胜的模范。孔子言："临事而惧，好谋而成。"临大事要多动脑筋，临大敌更应多用计谋。除非不得已，不要将分歧、纠纷直接诉诸武力。

二十六、善兵伐交

伐交，孙子列于"善战"之二。何谓伐交？十家注颇有歧义。

一说指在两军即将交合之际先发制人。曹操注"交"为"将合也"。张预注："兵将交，战将合，则伐之。传曰'先人有夺人之心'，谓两军将合，则先薄（逼近）之。孙叔敖之败晋师，厨人濮之破华氏是也。"

一说指外交战。李筌注:"伐其始交也。苏秦约六国不事秦,而秦闭关十五年,不敢窥山东也。"张预注又引"或曰":"伐交者,用交以伐人也。言欲举兵伐敌,先结邻国为犄角之势,则我强而敌弱。"

一说敌凡有合皆伐。杜牧曰:"非止将合而已,合之者皆可伐也。张仪愿献秦地六百里于楚怀王,请绝齐交;随何于黥布坐上杀楚(项羽)使者,以绝项羽(此为外交)。曹公(操)与韩遂交马语,以疑马超;高洋以萧深明请和于梁,以疑侯景,终陷台城(此为离间)。此皆伐交。权道变化,非一途也。"

以上三说,不无可取,但都不完备。两军始交应先声夺人,但这属于奇正战术,是"伐兵"之属,不得与此相混。敌之兵将君臣自应离间,但那属于离间计,不应列入伐交之列。伐交,应是以外交为武器制人,即外交战。

《九地篇》曰:"夫霸王之兵,伐大国,则其众不得聚;威加于敌,则其交不得合。是故不争天下之交,不养天下之权,信(伸)己之私,威加于敌,故其城可拔,其国可隳。"这段文字中,"其交不得合"与"其众不得聚",都用"其"字,显指敌方;将"众"与"交"两事对举,显系二事。"其众",指敌方军旅;"其交",指敌方与国。下一句"天下之交",更明白不过地表明是外交活动。可见孙子确实有进行外交战的战略思想,"其次伐交"之"交",理应讲成外交。

如前杜牧、张预所举,"伐交"的内容包括:撤散敌方盟约,加强己方外交关系;切断敌方外援,加强我方邦交。其目的是孤立敌人、加强自己,争取国际合作,共同对敌。战国时东方各国的合纵连横、秦国的远交近攻,都是成功的"伐交"之策。

吴王阖闾伐楚,入楚郢都,以三万之众打败数十万楚人,战果辉煌。可惜吴国未能"伐交",切断其来自秦国的外援,使申包胥得以带领秦军卷土重来。故苏洵责之:"《九地》曰:'威加于敌,则交不得合。'而武使秦得听包胥之言,出兵救楚,无忌吴之心。斯不威之盛!"(《权书·孙武》)这里孙武之举与《孙子兵法》使敌方"交不得合"的主张相悖。不过,这也许与伍子胥的"倒行逆施"有关,与孙武无涉。

二十七、三打二胜

《计篇》讲"敌则能战"，没有讲具体战术。但认真品读《孙子兵法》，就不难发现，孙子实际上在书中讲了大量的"敌战"之法。如"避实击虚""避其锐气，击其惰归"等，都是力量相当之时的克敌制胜之术。至孙武后世子孙孙膑，则将这一原理运用于比赛，形成"三打二胜"法，以小失换大胜。

《史记》载，田忌与人赛马，孙膑见双方之马都有上、中、下三等，而同一等级的马足力相差无几，于是对田忌说："今以君之下驷与彼上驷，取君上驷与彼中驷，取君中驷与彼下驷。"结果，田忌以两胜一败的战绩捧走了赌金。现在通行的以一败换两胜的体育竞技法，若溯其源，当始于孙膑。

唐太宗将此法运用于军事，常以小败取大胜。他曾对群臣说："朕自兴兵，每执金鼓，必自指挥，习观其阵，即知强弱。常以吾弱对其强，以吾强对其弱。敌犯吾弱，追奔不逾百数十步；吾击其弱，必突过其阵，自背返击之，无不溃。多用此而制胜，思得其理深也。"（《通典》卷158引）

苏洵将此法上升为理论，著《权书·强弱篇》，说："士之不能皆锐，马之不能皆良，器械之不能皆利，固也，处之而已矣。"他认为，己方的马、士、武器，不可能都比敌人的精良，这是客观存在，一时不以人们的意志为转移，取胜之道在于怎样配对。我之下不能敌彼之上，谁都知道；彼之中不能敌吾上、彼之下不能敌吾中，则是许多人所忽略的。人们一般喜于以强敌强、以弱当弱，这是拼消耗、拼实力的做法，不是制胜之道，更不是巧胜之道。制胜的巧道，应如田忌赛马，以我之弱者对敌之强，拖住和消耗其实力，而以中对其下，以上对其中，打击其有生力量，实现三打二胜。以小败换大胜，以局部失利换取整体胜利，这就要懂得得与失、小败与大胜的辩证法。苏洵说："故智者轻弃吾弱，而使敌轻用其强，忘其小丧，而志于大得。夫固要其终而已矣。"最后的胜利，才是最紧要的事情。

第十四章 制胜三十六法（四）

二十八、得失辩证法

《作战篇》曰："故不尽知用兵之害者,则不能尽知用兵之利也。"《九变篇》曰："是故智者之虑,必杂于利害。杂于利而务(战事)可信(伸)也,杂于害而患可解也。"

我们通常说一个人"患得患失",是指这个人做事犹豫不决、瞻前顾后,但是在军事上,君臣不得不多做得与失的考虑。孙子说,不知道用兵的害处和危险处,就不能尽得用兵的好处。"祸兮福之所倚,福兮祸之所伏",只考虑好处,就会忽略坏处,到时将噬脐莫及。所以,对军事问题,智者必然将利和害放在一起考虑。考虑好了利,才能够鼓动士气、夺取胜利;考虑好了害,才能做出必要的防御,以防突发事件。考虑到兵出贵速,因此千里赴战,其速如风;考虑到远道劳师伤财,故因粮于敌,掠于敌野。必慎虑其利害,周为其谋计,方可得利而避害,但切忌虑而不决。在两军对垒的战场上,更需要冷静慎重,不可被有利的势态冲昏头脑,否则便可能因小失大。虽然孙子说"兵以利动",但有时为求更大的利或避不虞之害,又要牢记"利有所不取"。

"归师勿遏,围师必阙,穷寇勿迫"(《军争篇》),讲的就是在战争中要追求大利,而勿贪小利。老子谓之"欲取先予",《三十六计》谓之"欲擒故纵",俗语谓之"放长线钓大鱼"。

孙子说"十则围之"(《谋攻篇》),又说"围师必阙"(《军争篇》)。"十则围之",务求全歼。但是,如果我方力量不占绝对优势,或是城坚难攻，我方粮草久则不继，这种情况下不宜围得过死，而应力求速决。围得过死，敌人陷入死地，求生无望，必然困兽犹斗——"围则御，不得已则斗"，增加我克敌阻力。相反，如果围师留缺，让敌人为求生而逃命，待敌人突围，脱城防之利，我再攻之，必能轻易取之。故《司马法》曰："围其三面，阙其一面，所以示生路也。"吴王问孙子曰："若吾围敌，为之奈何？"武曰："山谷峻险，难以逾越，谓之穷寇。击之之法，伏卒隐庐，开其去道，示其走路，求生透出，必无斗意。因而击之，虽众必破。"（《通典》卷159引）其言对"围师必阙"之法叙述得十分明白。

唐朝安史之乱，中兴名将李光弼与史思明战于土门，叛军败退，官军四面合围。李光弼令开东南一角以纵敌。史思明的败兵残将看到一线生机，弃甲而走。光弼挥师追击，"尽歼其众"。以纵致擒，这是"围师必阙"的根本目的。

"归师勿遏""穷寇勿迫"原理与"围师必阙"一样，都是尽可能解除敌人的斗志，不要激起敌人困兽之斗。"归师"，即志在必归的部队；"穷寇"，即走投无路的敌人；"遏"，即迎头阻击；"迫"，即断绝其一切希望。人处于绝境，易生死战之心。对于穷寇，或迫之使降，或间之使叛，既要杜绝其求胜的企图，又要给予其求生的希望，为彻底瓦解敌人创造条件。说"勿遏""勿迫"，并不是手下留情、放虎归山，而是要用计解决。孙子曾答吴王问说："若敌在死地，欲击之法：顺而勿抗，阴守其利，绝其粮道，恐有奇伏，隐而不睹，使吾弓弩，俱守其所。"（《通典》卷159引）击"死地"之敌的办法，要"顺"，要"阴"，要"绝"，要"隐"，要"守"。"顺"，即顺其意，听其行。敌欲归，则放其归；敌欲突围，则为之开缺。"阴"，即阴谋算计，顺之而不放之，将计就计，阴定制敌之策。"绝"，即断其粮路，绝其外援，阻其山险。"伏"，即设伏待之。"隐"，即保密，一切待敌之术都不要让敌人知晓。"守"，即占守有利地势，立于不败之地。"顺而勿抗"是要敌人放弃死斗之志，而其他诸法,则都是最后制敌死命的计谋。《通典》引《大唐卫公李靖兵法》也说:"若敌人在死地,无可依固,粮食已尽,救兵不至,谓之穷寇。击此之法,必开其去道,勿使有斗心,虽众可破。当精骑分塞要道,轻兵进而诱之,阵而勿战,败谋之法也。"可见,"勿遏""勿迫"的最终目的,是在敌人无斗志的情况下歼灭敌人。

春秋时期,吴与楚战,楚师奔北,将渡河西归,阖闾欲紧追不舍。夫概曰:"困兽犹斗,况人乎? 若知不免而致死(死战),必败我;若令半济,而后可击也。"阖闾从之,再败楚师。西汉末年,邓禹不在关中与赤眉军决战,任其东归。光武帝则在崤山至宜阳之间设置埋伏,使赤眉数十万大军一朝覆没。这些都是善击穷寇的高招。

"归师勿遏,围师必阙,穷寇勿迫"三计,都是要人们善于掌握得与失的辩证法。当敌人尚有实力,我方无法全歼之时,应采取克制态度,尽量减少阻力,在易胜中歼灭敌人。在战争中应正确对待小胜与大胜、小利与大利、目前利益与长远利益的关系,力求分期、分批、分级,逐渐达到大胜和全胜的目的。

二十九、攻其无备,出其不意

"攻其无备,出其不意"两句,出自《计篇》。这两句是孙子战略战术活的灵魂,也是运用不殆、奇变无穷的具体战术。

较胜于白刃之上,争胜于刀光之中,拼实力,拼消耗,并不是孙子追求的善战者形象。如果只用实力取胜,那还要军事家干什么呢? 善战者在于"胜于易胜",克于已败。就像"庖丁解牛"一样,"批大郤,导大窾",游刃于肯綮之间,无所砍斫,必然解千牛而刀若新发于硎。

《虚实篇》曰:"出其所不趋,趋其所不意。行千里而不劳者,行于无人之地也。攻而必取者,攻其所不守也;守而必固者,守其所不攻也。故善攻者,敌不知其所守;善守者,敌不知其所攻……进而不可御者,冲其虚也。"走远路而不受阻,因为所行之地根本无人;攻城必拔,因为所攻之城根本无守;守城必固,因为所守之城根本无攻。

《形篇》曰:"善守者藏于九地之下,善攻者动于九天之上。"守于不测之处,攻于不备之处,行于无人之境,还有什么战不克、攻不破呢?故《形篇》曰:"古之善战者,胜于易胜者也。故善战者之胜,无智名,无勇功。"

"出其所不趋,趋其所不意",与"攻其无备,出其不意"是同一原理,都是避实击虚的战术。要做到这一点,必须神秘微妙,无声无形,让敌人搞不清我方的进攻意图和行动规律,不知其所守。孙子曰:"微乎微乎,至于无形;神乎神乎,至于无声。故能为敌之司命。"(《虚实篇》)这并不是故弄玄虚。

曹操攻张绣于穰(今河南邓州),一朝引军退,张绣将兵追之,贾诩曰:"不可,追之必败。"张绣不听,追之,大败而归。贾诩又对张绣说:"更追之,必胜。"张绣将兵再追,果然以胜而还。原来曹操撤退之初,料到会有追兵,亲自断后,有所准备,所以张绣吃了败仗;既败追兵,曹操以为张绣不敢再追,急着赶路,不再设防,所以张绣第二次追击能取得胜利。贾诩可谓善识"以虞待不虞"之机矣。

这里附带谈谈"以虞待不虞"。

孙子论五种求胜的因素,有"以虞待不虞者胜"(《谋攻篇》)。"虞"即有准备,使军队常常处于战备状态,使士兵常常心怀对敌作战之心,也就是使我方不要出现无备的空隙,以免敌人乘虚而入。

《九变篇》曰:"故用兵之法,无恃其不来,恃吾有以待也;无恃其不攻,恃吾有所不可攻也。"平时要居安思危,不要存在侥幸心理,将希望寄托在敌人不来、不攻上,而应做到有准备,敌来者必歼,敌攻者必败。《行军篇》中还说,并不是兵员越多越好,如果不能料敌,不能齐心协力,没有准备,轻视敌人,必然被敌人所擒("兵非益多也,唯无武进,足以并力、料敌、取人而已；夫唯无虑而易敌者，必擒于人"）。

对待敌人，则要放马南山以示无战心，甘言厚币以结其欢心。总之要使用一切办法，让敌人放松警惕，再"攻其无备"。春秋时，郑武公欲并胡国，先以其女妻之，并故意问大臣说："吾欲用兵，谁可伐者？"有人知道他的心意，说"胡可伐。"郑武公佯怒说："胡，兄弟之国，子言伐之，何也？"郑武公说完，将这位大臣一刀刺死。胡国君臣听说这事，十分感动，不再提防郑国。于是，"郑袭胡，取之"。赵襄子袭杀代君，移其国祚，也是先以其姊为代君夫人，用郎舅关系消除了代君的戒心。班超西击龟兹、莎车，久攻不下，便扬言兵少不敌，将罢兵东归；又阴纵龟兹战俘，使之归报于敌。龟兹王闻之，"喜而不虞"，班超却秘密发兵攻下了莎车。关羽大意失荆州，也是受吕蒙赋闲、陆逊卑辞的蒙蔽。古来败兵残将，非尽无能，多数是误信于敌，因无备而取败的。

孙子讲攻法曰："攻其无备，出其不意。"刘寅解之曰："读兵书，将'攻其无备，出其不意'两句细思量。我若无备，敌来必乘我；敌若有备，我如何去攻他。《书》云：'惟事事乃有其备，有备无患。'况用兵乎？"（《武经直解·读兵书法》）此可谓得其三昧矣。

三十、置之死地而后生

孙子曰："死地则战。"又曰："投之亡地然后存，陷之死地然后生。夫众陷于害，然后能为胜败。"（《九地篇》）

孙子讲奇正之计时也说"使三军之众必受敌"，使士兵毫不犹豫地与敌人交战。孙子主张以正治军，即从道德上、情感上、教育上训练士兵，使其有必战之心。但是，三军长短不齐、优劣不一，难免有教不从、威不服者，这就需要必要的权术。置之死地而后生就是最奇险的权术。

孙子说，人之情不可不知。人之情是什么？求生而恶死也。善于利用士兵好生恶死的本能，就能使他们焕发出超乎寻常的力量。"围师必阙,穷寇勿迫",是在对敌战斗中,体察敌人的求生本能,不激起敌人的困兽之斗。而"投之亡地然后存,陷之死地然后生",则是对内利用将士求生恶死的本能,将士兵投入危险的境地,逼着他们倾全力作战。《九地篇》曰:

> 投之无所往,死且不北。死焉不得,士人尽力。兵士甚陷则不惧,无所往则固,深入则拘,不得已则斗。是故其兵不修而戒,不求而得,不约而亲,不令而信。禁祥去疑,至死无所之。吾士无余财,非恶货也;无余命,非恶寿也。令发之日,士卒坐者涕沾襟,偃卧者涕交颐,投之无所往者,诸、刿之勇也。

部队在走投无路之时,必然死战求生。面对死亡,焉有战士不尽力一战的呢? 士兵深入危险地区就无所畏惧了,没有退路军心就稳固了,深入敌占区就不敢涣散了,迫不得已就只有一战。处于这种状况下的军队,不待整修就有规矩,不必约束就很团结,不待严令就已恪守纪律,不求神问卜,战斗至死也不逃跑。此时,战士们抛掉多余的财物、牺牲自己的生命,并不是他们不爱财富、不想活命,而是出于不得已。在战斗命令初下之日,士兵坐着的涕泪沾湿了衣襟,躺着的涕泪流满了面颊。将他们摆在无处可退的境地,他们就有了像勇士专诸、曹刿一样的勇气。

因此,孙武说,正面教育士兵、用纪律约束士兵,虽然是必要的,但不是万全的。即使将马拴起来,将车轮埋起来,也不能确保他们"齐勇若一"、有进无退。士兵只有处于死地时,才有必战的决心和勇气。故曰:"聚三军之众,投之于险,此将军之事也","死地吾将示之以不活"。(《九地篇》)在险地,士兵可以生出努力决战以求生存的决心;在死地,士兵就能迸发出决战的勇气而视死如归。

《九地篇》又曰:"帅与之期,如登高而去其梯。帅与之深入诸侯之地,而发其机,焚舟破釜,若驱群羊。"

孙子所说的"登高去梯""焚舟破釜"也是置兵于"死地"之法。他说，将帅与士兵按约定时间到达指定位置，然后断去一切归路，只能前，不能后，以激励士兵全身心投入战斗。他又说，将帅与士兵深入敌占区，突然挑动战机，将一切生计都抛掉，这样士兵就像群羊一样乖乖听其调遣了。这种带兵之术，前文已多有讲述，这里不再重复。

《三十六计》中有"上屋抽梯"计，曰："假之以便，唆使之前，断其援应，陷之死地。遇毒，位不当也。"这是诱敌深入之法。给敌人可乘之机，诱使其前来进攻；切断其救援之路，置之于绝境之中。这就是《易》中所说的"咬到了黄金，遇到了毒，走进了不应该到的地方"。这是用"上屋抽梯"法诱敌。

此外，古人还常常用此法让人处于无所顾忌的位置，放心将心里话说出来。《三国志·蜀书·诸葛亮传》载，荆州牧刘表长子刘琦受后母逼迫，向诸葛亮讨教自全之术，诸葛亮未有所陈。刘琦与诸葛亮同游后园，"共上高楼，饮宴之间，令人去梯"，然后对诸葛亮说："今日上不至天，下不至地，言出子口，入于吾耳，可以言未？"结果，诸葛亮给他出了个请求外放的主意，刘琦因此保全了性命。

三十一、围地则谋

《九变篇》曰："围地则谋，死地则战。"

《通典》卷159载："吴子问孙武曰：'吾师出境，军于敌人之地。敌人大至，围我数重，欲突以出，四塞不通。欲励士激众，使之投命溃围，则如之何？'武曰：'深沟高垒，示为守备；安静勿动，以隐吾能。告令三军，示不得已；杀牛燔车，以飨吾士。烧尽粮食，填夷井灶，割发捐冠，绝去生虑。将无余谋，士有死志。于是砥甲砺刃，并气一力；或攻两旁，震鼓疾噪，敌人亦惧，莫知所当；锐卒分行，疾攻其后。此是失道而求生。故曰：困而不谋者穷，穷而不战者亡。'"

　　我军陷入敌人包围之中,如何才能摆脱困境? 孙子曰"围地则谋"! 他说:"困而不谋者穷,穷而不战者亡。"如果被围困了还不动脑筋,就会到穷途末路的境地;穷途末路还不思死战,就只有死路一条。这里,孙子论突围过程,共分四个阶段:

　　第一是坚守、隐形。"深沟高垒,示为守备"是坚守,即深挖护城河,高筑城墙,做坚守准备。"安静勿动,以隐吾能"是隐形,即隐蔽实力,不让敌人知道我的战斗能力。以上是备敌阶段。

　　第二是励士、飨士。"告令三军,示不得已"是励士,即把眼前的严峻处境告诉士兵,表明当前已处于生死存亡的关头。"杀牛燔车,以飨吾士"是飨士,即将牛、羊等牲口杀了给士兵吃,表示最后的关心,气氛越悲壮越好,以便激励三军的士气。

　　第三是示死无他。"烧尽粮食,填夷井灶,割发捐冠,绝去生虑"是示死,即将粮食烧尽,将水井灶台都填平,将头发割掉、帽子丢掉,发誓决一死战,也就是将士兵置于"死地",逼着士兵不得不拼死一战。"将无余谋,士有死志",是讲将士一心、同心死战。余谋,犹言他谋、二心。将领不存别的打算,士兵也就努力一向、拼死一战。孙子说"死地吾将示之以不活""死地则战",即将三军往"死地"安排,激发三军浴血奋战的豪情。

　　第四是砺器、奇兵、突击。"砥甲砺刃,并气一力"是砺器,秣马厉兵,准备杀敌利器。"或攻两旁,震鼓疾噪,敌人亦惧,莫知所当"是奇兵,即分兵向两旁攻打,将战鼓擂得震天价响,士兵高声呐喊,使敌人惊惧,不知道在哪里防御。无所不防,也就无所不虚。"锐卒分行,疾攻其后"是突击,即令精锐之师分开行动,迅猛地攻打后城,以期破围而出。

　　孙子说突围是"失道求生"之术,也就是前面说的"陷之死地然后生"。如果说"陷之死地然后生"是有意的安排,那么,突围的"死地"

则是将领因势利导的结果。整个突围过程,必须理智、激昂、勇敢。不理智就没有智慧,无智慧就只有死路一条;无激情,就不能激励士众;不勇敢,就不能出奇计、冒矢石、用险胜。"围地则谋","谋"是重心,激昂和勇敢是其辅佐。

三十二、避其锐气,击其惰归

孙子曰:"是故朝气锐,昼气惰,暮气归。故善用兵者,避其锐气,击其惰归。此治气者也。"又曰:"锐卒勿攻。"(《军争篇》)

夺气是主动使敌人失去战斗之气。"避其锐气,击其惰归""锐卒勿攻",是避开敌人的精锐之气,专寻其气衰、意怠、兵劳、力疲之时作战。

避锐之法,在于严分"三气"。孙子曰"朝气锐,昼气惰,暮气归","锐"即朝气蓬勃,"惰"即志气受挫,"归"即志气消沉。"朝、昼、暮"只是比喻,象征战争进行的初、中、晚三个阶段。一日之间,朝气为锐,日中为惰,日暮为归;一阵之间,一鼓为锐,二鼓为惰,三鼓为归;一战之间,初合为锐,再合为惰,三合为归。曹刿曰"一鼓作气,再而衰,三而竭",是也。

战斗之中,若对手强大,应避免初战交锋,即"避其锐气"。等待敌人锐气受挫、优势消耗,出现气不接、力不继的"惰归"迹象时,再以我精锐之师"击其惰归"。这就是将敌人的优势转化为颓势,再将其打败。

春秋时,齐鲁长勺之战,曹刿随鲁庄公出战齐军。齐军一鼓冲锋,鲁军不动;二鼓冲锋,曹刿仍不应战;三鼓之后,齐军已是有形无气、有气无力,曹刿才让鲁庄公下令迎战,使齐人败北。这是在孙子之前的兵家采用"避其锐气,击其惰归"之术打败敌人的战例,也可以说是中国战争史上第一个采用"避锐击虚"之法胜敌的典范。

公元前 154 年,西汉爆发"吴楚七国之乱",吴王濞起兵广陵(今江苏扬州),挥师渡淮,兵锋甚锐。周亚夫率领三十六将东征。亚夫问计于其父(周勃)的都尉邓某。邓某曰:"吴兵锐甚,难与争锋。"教他不要急于与之交战,而是屯兵昌邑(今山东巨野东南),阻断吴与山东诸侯的联系,同时派兵扼守淮泗粮道。周亚夫照此办理,"深沟高垒",不与吴兵交战。受兵的梁国(都今河南商丘)多次求救,亚夫不动;吴兵数次挑战,亚夫不理;景帝数次催促,亚夫不听。周亚夫以拖代战,使吴军粮绝,士兵饥饿,最终溃败。

三国时东吴诸葛恪围魏新城,司马懿遣毌丘俭、文钦前去救援。毌丘俭与文钦请求速战,司马懿曰:"恪卷甲深入,投兵死地,其锋未易当。且新城小而固,攻之未可拔。"遂令诸将坚守不出。相持数日,诸葛恪攻城力屈,死伤大半,锐气尽失。司马懿乃令毌丘俭、文钦先断吴军后路,以断其归道,诸葛恪惧而退。本来救兵如救火,理当速战;但是,司马懿利用"新城小而固,攻之未可拔"这个资本,抓住敌人远袭、粮路不畅的弱点,使用避锐战术,拖垮了敌人,解救了新城。

唐太宗更是善于避锐击虚、后发制人的高手。初征刘武周,李道宗献计曰:"群贼锋不可当,易以计屈,难与力争。令众深壁高垒,以挫其锋,乌合之徒,焉能持久。粮运致竭,自当离散,可不战而擒。"这与太宗之意正合。刘武周果然粮尽而退,唐军一战而胜。又征薛仁杲,薛有众十余万,唐太宗初战失利,敌人乘胜挑衅,众将请战。太宗曰:"我卒新经挫败,锐气犹少。贼骤(新)胜,必轻进好斗。我且闭壁以折之,待其气衰而后击,可一战而破。此万全计也。"相持既久,敌人粮尽,敌军中出现分离迹象,唐太宗乃令出战。临战之际,太宗又对薛仁杲有勇无谋的大将宗罗睺施行了同样的战术——与之交战的唐兵"固险不出,以挫其锋",待其力疲,乃采用诱兵、伏兵、奇兵夹击之,使之"气夺""大溃"。

避锐击虚之法,加以扩大就成了"持久战术"。对付强大的敌人,既不要屈服,又不宜速战。攻人者主速,守国者宜缓。缓兵之计,可以使我方力量得以壮大,被动局面得以转变;敌人则越陷越深,战线越拖越长,粮路越拉越远,最终必然力疲粮尽,难以持久。这是对付入侵敌人的最好办法。隋炀帝征高句丽,渡过鸭绿江,粮道已远,军中乏粮,班师未成,却让高句丽国相乙支文德窥破虚实,实行持久战术。隋军攻之,一日之间,七战七胜。隋军乘胜进抵平壤城下,文德伪降。隋军准备班师,却被高句丽拖住,大败而回。

三十三、反客为主

兵法上的反客为主,常常有两种情况:一是改变友军之间的主从关系,二是改变战斗中的敌对双方的攻守关系。

就友军关系论,在力量弱小或战局不利时,一方寄人篱下,暂处客位(从属地位),一旦时机成熟,就取主位而代之,占据主导权。如刘邦先依项羽后反项羽、刘备先依刘璋后灭刘璋。

就敌对关系而论,深入敌地为客,坐以待敌为主,换言之,进攻者为客,防守者为主。我们这里要说的即敌对的主客关系。

一般来说,客军远道而来,有不知天时、不占地利、缺乏粮草、不知虚实、劳师远袭等不利因素。但是如果善于利用"反客为主"之计,就可以克服这些不利因素,掌握主动权。比如"因粮于敌"(《作战篇》)、"掠于饶野"(《九地篇》),然后"谨养而勿劳,并气积力,运兵计谋,为不可测"(《九地篇》)。这就在后勤和劳逸方面实现了反客为主。

要反客为主,首先要做到"因粮于敌"。这一可解决军中粮饷问题,二可避免长途运粮,从而节省本国民力。更重要的是,这样可以使敌人粮饷不足,将缺粮的不利转嫁给敌方。在敌人境内夺取粮食,才能安营扎寨、长谋远虑,实施令敌人难以捉摸的妙计奇谋。诸葛亮割麦关中、屯田渭南,正是行的"因粮于敌""掠于饶野"之计。

其次要采取"疲敌战术"。"敌佚能劳之,饱能饥之,安能动之"(《虚实篇》),尽可能挑动敌人出战,以求速战速决;即使敌人坚不出战,也可以使敌人疲劳,失去军安士逸的优势。于是我方"以治待乱,以静待哗""以佚待劳,以饱待饥"(《军争篇》),达到心治力增的效果。

孙子提出的"因粮于敌"之术,也包括夺取敌人车马辎重来武装自己。他说,进行战争必须有战斗装备,难免有各种消耗,故首要的问题是军需粮草问题,即辎重问题。孙子曰:"凡用兵之法,驰车千驷,革车千乘,带甲十万,千里馈粮;则内外之费,宾客之用,胶漆之材,车甲之奉,日费千金,然后十万之师举矣。"(《作战篇》)自古兵家都认为必先"丰财""积谷",然后才谈得上战争,孙子也不例外。不过孙子解决军需粮草问题的方法,比别的兵家更高明,即因粮于敌、借财于敌。他说,如果是千里赴战,一切都取给于国内,必然困其国家、疲其人民。特别是远道作战,更容易造成国家贫困、百姓穷愁:"百姓之费,十去其七;公家之费……十去其六。"(《作战篇》)国家和人民都"力屈、财殚",诸侯必乘其弊而起矣。为了转嫁这一危机,孙子主张"因粮于敌":"善用兵者,役不再籍,粮不三载;取用于国,因粮于敌,故军食可足也。"(《作战篇》)不重复征集兵员,不多次运输粮草,这样国力就不会殚竭;在国内准备兵器,粮草则直接取于敌人,就可以解决三军军需粮草问题。

孙子说,因粮于敌,不是简单地解决己方粮草的问题,还有削弱敌人来壮大自己的好处。他说:"食敌一钟,当吾二十钟;萁秆一石,当吾二十石。"(《作战篇》)粮食对于作战双方都十分重要,在供给困难的情况下,夺敌辎重粮草,对敌人无异于釜底抽薪;"抽薪"倒也罢了,却又是损敌益己。在战争处于对峙状态时,削弱敌方,加强己方,这无疑将给敌方造成数倍的损失。同时,我方若夺得敌方粮食,就可以节省千里运粮的人力物力，真是"无本万利"的生意。所以，孙子说，吃掉敌人一钟，相当于自己获得二十钟，这是一件非常划算的事情。

因粮于敌的具体办法，大致有直接夺取、诈降取给、深入敌后等。隋朝末年，宇文化及攻义军李密，李密知化及军中粮草将尽，于是伪和，取给于敌。宇文化及不知，遂听任李密军士尽情吃喝。抗日战争中，我抗日军民深入敌后，拦火车、袭敌库，缴获大批军用物资，将敌人屠我同胞的凶器变成杀敌的利器。"没有吃没有穿，自有那敌人送上前；没有枪没有炮，敌人给我们造"，《游击队歌》的这几句歌词，充分表现了因粮于敌的好处。

除粮草之外，孙子还主张夺取敌人的战略物资和战斗人员。对夺来的战车，"更其旌旗"，编入我方阵列，"杂而乘之"；对待俘虏，让他们吃饱饭，"善而养之"（《作战篇》），使他们掉转枪头，成为杀敌的战友。这样，自己的力量不仅不会因激战而损丧，反而会每战愈强——"胜敌益强"。因此，孙子力主重赏夺敌粮草的有功人员，鼓励士卒多多地夺取敌人的物资和兵员，以便更直接、更迅速地实现敌我力量强弱的转化。

关于如何在深入敌地的情况下运用反客为主之术，孙子提出如下原则。

《九地篇》曰："凡为客（进攻）之道，深入则专，主人不克；掠于饶野，三军足食；谨养勿劳，并气积力；运兵计谋，为不可测。投之无所往，死且不北，死焉不得，士人尽力。兵士甚陷则不惧，无所往则固，深入则拘，不得已则斗。"

又曰："凡为客之道，深则专，浅则散。去国越境而师者，绝地也"，"入深者，重地也；入浅者，轻地也"，"无所往者死地也。是故散地吾将一其志，轻地吾将使之属"，"重地吾将继其食"，"死地吾将示其不活。故兵之情，围则御，不得已则斗，过（深入）则从"。

进攻为客,防守为主,"为客之道"即攻人之术。孙子说,攻人之术,应当深入敌占区去作战,因为"深则专,浅则散"。深入敌境,士兵心专力一,才有战斗力,固守的"主人"就奈何不了我。在以上两段引文中,孙子主要运用了"反客为主"和"死地则战"两个原理。

深入敌区,最大的危险是陷入持久战中,粮道断绝,千里转输,穷国劳师。因此,孙子要求掠取敌人丰饶的原野,以足三军之食。然后养精蓄锐,精计密谋,为不可测之策。这就是"反客为主"之法。王翦攻楚,兵至楚地,"坚壁而守,不肯战",楚兵挑战,"终不出",反而"休士洗沐,善饮食抚循之,亲与士卒同食","为投石超距(跳远)"的游戏。楚人多次挑战不成,引兵东去,王翦乃"举兵追之,大破荆军"。

深入敌区,有四面被围的危险,这就使士兵陷于"围地""死地"之中,没有退路,逼得他们不得不听从指挥、奋力死战。这就是"陷之死地然后生"之法。韩信攻赵,在井陉背水立阵,以少胜多,就是该法的具体运用。

反客为主,可使自己立于不败之地:夺敌资粮,有"釜底抽薪"之效;深入敌人眼皮子底下坚营为守,使敌人气慑,有"夺敌之气"的作用;置之死地,可使士兵"齐勇若一"。我盈彼竭,然后"运兵计谋,为不可测",因此不难制敌。

我方成功地变不利为有利、变远客为主人之后,再"以诱待来,以静待躁,以重待轻,以严待懈,以治待乱,以守待攻"(《李卫公问对》卷中)。王翦率领秦兵远道征楚,就是成功的反客为主的战例。

三十四、后发制人

先发制人、先声夺人,这是兵法之常。但这是有条件的,即在我方力量占绝对优势、敌方气慑胆怯的情况下方能奏效。如果双方旗鼓相当,或是我方力量稍弱,或是敌暗我明,或是道路迂远,都不宜先发制人。这时当采用"后发制人"之术。

《军争篇》曰:"莫难于军争。军争之难,以迂为直,以患为利。故迂其途而诱之以利,后人发,先人至,此知迂直之计者也。"这是讲在道远路迂、敌人居于有利位置的情况下,要后发制人。以迂为直,即不走直路,反行迂路,让敌人产生错误判断而处于无备状态,然后我方再急行军,先期到达。还有一种情况是,走敌人所忽视的险道、远道,攻其无备。三国时,钟会、邓艾伐蜀,蜀将姜维战败,退守剑门关。钟会攻剑门不克。邓艾则绕道七百里,从人迹罕至、羊肠小道的阴平,凿山刊木,攀藤附树,飞越天险,直抵江油,从而逼迫蜀国君臣投降。这是历史上最精彩的以迂为直的战例。孙子曰:"先知迂直之计者胜。"(《军争篇》)又曰:"乘人之不及,由不虞之道,攻其所不戒也。"(《九地篇》)邓艾堪称"知迂直之计""由不虞之道"者矣。

另一种后发制人的战术是,先用小股兵力挑战,或是先示敌以利,让敌人大举进攻,使其暴露实力和部署,然后因敌制宜,后起而克之。拳师较技忌先出拳,因为出拳必露破绽;论战忌先立论,因为立论必先树论敌。用兵也是同样的道理。孙子曰:"作之而知动静之理。"(《虚实篇》)打仗时可以先挑动敌人,观察其反应,测知其行动规律,再根据其行动规律制定克敌的对策。

后发制人,往往是奇正交互使用——先用正兵虚与周旋,调动和引诱敌人,在敌人充分暴露和乱了阵脚之后,再出奇兵一鼓而灭之。"故正兵贵先,奇兵贵后,或先或后,制敌者也。"(《尉缭子·勒令》)《李卫公问对》卷上曰:"先正后奇。"从战术上讲,这也是合适的。俗话称之为"引蛇出洞"或"敲山震虎"。

三十五、调虎离山

虎为山林之王,但脱离山林就难再称王。俗曰"虎落平阳被犬欺"

者,因脱其地利也。"调虎离山"用于军事,就是使敌人失去地利。孙子曰:"地者,战之助也。"(《地形篇》)地理是作战的空间和环境,合理利用地形可起到"一夫当关,万夫莫开"的效果,所以要尽可能地使自己处于有利位置,使敌人处于不利位置。

若敌人已经占据有利地形,或据城固守,或居高临下,我必"引而去之"(《地形篇》),千万不要硬攻硬打。如果必须决战,也要设法将敌人从地利中调开。《通典》载孙子遗文,吴王阖闾曾问孙武:"敌人保据山险,擅利而处之,粮食又足,挑之则不出,乘间则侵掠,为之奈何?"孙武说:"分兵守要,谨防勿懈;潜探其情,密候其息。以利诱之,禁其牧采;久无所得,自然变改。待离其固,夺其所爱;敌据险隘,我能破之也。"打击占据有利地形之敌的要点是:慎守、伺隙、利诱、困敌、夺爱。首先,我方要控制敌人的战略要地,提高警惕,谨防敌人进攻(慎守);同时放出密探,侦察敌情,寻找敌人的松懈之处(伺隙)。其次,以利诱其脱离地利(利诱),禁止敌人打柴放牧,敌人长久被困,必然有所改变(困敌)。等敌人离开险阻,我立即控制其要害或必救必争的东西(夺爱)。如此,敌人纵然占据险阻,我也能够攻克。

东汉末,曹操征马超。当时关中地区的蕃汉各部齐集渭河平原,在兵力对比上,曹军很不利。可是,每一部到,曹操均面有喜色。打败马超后,众将问其原因。曹操说:"关中长远,若贼各依险阻,不用一两年的时间是平定不了的。可是,他们却离开险阻,来到平原集积,没有地利,又缺乏统一指挥,虽众可破。"

司马懿征公孙渊,渡辽水后围攻敌营,又突然撤围深入敌后,进攻襄平。诸将不解,司马懿说:"贼坚营高垒,欲以老吾兵也。攻之,正中其计。古人言,敌虽高垒,不得不与我战者,攻其所必救也。贼大众在此,其巢窟虚矣。我直指襄平,必人怀内惧,惧来求战,破之必矣。"公孙渊的部队见司马懿兵出其后,果出营邀击,正中了司马懿制其所爱以调动敌人的"调虎离山"之计。

"调虎离山"计,除了用于调动占地利的敌人外,还可以与"声东击西""避实击虚""敌分我专""怒而挠之""利而诱之"等计连用,将敌人从我欲攻的地方调开,起到分解敌人、以众击寡的作用。

三十六、火攻者明,水攻者强

火攻和水攻,都是借用自然力量杀伤敌人。孙子《火攻篇》总结火攻之术为五种:"一曰火人,二曰火积,三曰火辎,四曰火库,五曰火队。"

火烧敌人营帐,焚其士卒,这叫"火人"。如陆逊战刘备,令人持干禾,火烧蜀军营帐;曹操以铁锁连结船只,使周瑜得以火烧曹船于赤壁。

火烧敌人粮草积储,这是"火积"。如汉高祖令刘贾将二万骑,渡白马津,入楚地,烧其积储,造成楚军乏食。

辎即辎重,库即兵库。官渡之战,曹操用许攸计,火烧袁绍屯于乌巢的辎重粮草,这是"火辎""火库"。

关于"火队"有四说。杜佑认为"队"即"坠":"坠,堕也,以火堕敌营中也。"这是早期的火箭。又引"一曰":"火道,烧绝其粮道。"这是烧敌人粮路。李筌曰:"焚其队仗兵器。"这是烧敌人武器。杜牧说:"焚其行伍,因乱而击之。"这是烧敌人行进中的队伍。诸说分歧,皆有可取之处,在战争中大可诸法并用,见机而作。但梅尧臣说:"队一作'隧'。""隧"即交通要道,孙子"火队"之本义,当是火烧敌道。刘备兵败夷陵,敌人追兵甚急,乃烧甲盾以断道,就是"火队(隧)"之法。

孙子还对实行火攻的技术问题做了说明。"行火必有因(凭据),烟火必素具。发火有时,起火有日。时者,天之燥也;日者,月在箕、壁、翼、轸也,凡此四宿者,风起之日也。"(《火攻篇》)"行火必有因,烟火必素具"，是说平时应准备好火攻材料，最好有内应。"发火有时"，是说要在干燥时举火；"起火有日"，是说要在一定的时辰内举火。这倒不是什么神的启示，而是选定起风的时辰。古人认为月行于"箕、壁、翼、轸"四宿之分，必有风起，起火当在此时，以便火借风力，越烧越旺。

放火还得与兵攻结合起来，以增加杀伤力，故"必因五火之变而应之"。如果火在敌营内部烧起来了，我就在外面挥兵攻打；如果火烧起来了，敌人仍然没有动静，就不要轻易进攻，以防有诈。加大火力，可以进攻就进攻，不可进攻就不攻——"火发于内则早应之于外，火发兵静者，待而勿攻。极其火力，可从而从之，不可从而止"（《火攻篇》）。

放火者要居于"上风"，不要居于"下风"，以免引火烧身。白天风大且久，夜晚就不一定有风。候风也要得法。

火攻对敌人杀伤力大，特别是进攻城池，先用火攻可以扰乱敌人阵营，烧掉敌人粮草辎重和武器，烧断敌人援兵之路。火攻是兵家最明智的选择，故孙子曰："以火佐攻者明。"

《火攻篇》又曰："以水佐攻者强。水可以绝，不可以夺。"

《行军篇》曰："无迎水流。""上雨，水沫至，欲涉者，待其定也。"

水攻分两种情况，前一段话讲用水来辅助进攻敌人，后一段话讲在水上与敌作战的技巧。

孙子说，引水佐攻，威力无比。但水攻也有缺点，它只可以切断敌兵、绝敌粮路，却不能剥夺敌人财物兵力等优势，仍达不到火攻的效果。

但是为了胜利，有时也不得不采用水攻。曹操攻吕布于下邳，引郭水灌城，终擒吕布，实现了倍而围之的战略。韩信塞潍水，以诱项羽士兵渡河，然后突然决堤，以分羽军。董卓讨先令羌，粮绝兵困，先绝水令士众暗渡，待敌追来，忽放水以绝追兵。这些都是用水攻制敌的战例。

　　根据水攻的原理,我在水边作战(或行军)时,就要警惕被敌人水攻。不要逆水迎战,以免敌人在上流突然放下水来漂没士兵。横渡水时,如果正在下雨,河内有水沫漂来,要稍待一会,看是否山洪暴发,以免兵半济之时被洪水漂没。这些都是经验之谈。

　　此外,孙子还着重指出五种"知胜之道":"知可以战与不可以战者胜,识众寡之用者胜,上下同欲者胜,以虞(准备)待不虞者胜,将能而君不御者胜。此五者,知胜之道也。"(《谋攻篇》)

　　孙子认为,根据以下五种情况可知能否打胜仗:

　　一是知可战与不可战,亦即辨识战机,包括"知彼知己""知天知地""先为不可胜,不失敌之可胜"等。

　　二是识众寡之用,如"敌分我专""以众击寡""避实击虚""避锐击惰"等。

　　三是上下同心。君与民同心、将与士同心,才能"并敌一向,千里杀将"。

　　四是以有备待无备,包括"以佚待劳""以饱待饥""以虞待不虞"等。

　　五是将有才能,又有全权。此即"君命有所不受"。将领有临敌制变的才能,又有因机设权的灵活性。

　　此五者与其说是计,不如说是制胜之"略",不可或缺。

第十五章 情报战

——百战不殆的必要条件

"知彼知己者,百战不殆"已成为千古名言,其意义已远远超出军事领域,在政治、外交、经济、公关等领域,具有广泛的实用价值。其核心在一个"知"字,用现代语言便是"情报"。在进入信息时代的当代社会,"知"更成了各国建设和外交的必备条件。各国为此建立了规模不等的情报机构,在有的国家,情报机构的头目甚至享有比总统还高的威信和更稳定的职位,可见情报工作的重要。出于制胜的需要,两千五百多年前,中国的"兵圣"孙子对情报工作做了很多超越时代的思考。有些见解,在今天仍然具有参考价值。

下面我们准备从孙子论情报的全面性、保密性和侦知方法诸方面,来分别考察一下孙子的情报学思想。

一、知彼知己,知天知地

孙子认为一切事物都是互相联系、互相制约的,战争的胜负也受到各种条件的制约,因此情报工作也要力求全面系统。孙子主张不打无把握之仗,不打无准备之仗,提出"先胜而后求战"(《形篇》)"未战而庙算"(《计篇》)的观点。所以战前必须知彼知己,考察敌我双方条件,比较各自优劣。这些考察比较的内容十分广泛,《计篇》提出"五事""七计",小至"道、将、法"等人事问题,大至"天、地"等自然因素,无不认真计较,谨慎权衡,越周道越全面越好。"凡此五者,将莫不知,知之者胜,不知者不胜。"(《计篇》)

用兵者应根据多方考察的结果,判断可战不可战、可胜不可胜。这种考察必须在周知敌我双方情况的基础上进行,亦即"知彼知己",偏重任何一方都不行。片面的情报必然带来不利的后果,影响战役的结局。孙子说:"知彼知己者,百战不殆;不知彼而知己,一胜一负;不知彼,不知己,每战必殆。"(《谋攻篇》)——对彼己情况的了解,是战前"庙堂决胜"的先决条件。孙子又说:"知吾卒之可以击,而不知敌之不可击,胜之半也;知敌之可击而不知吾卒之不可以击,胜之半也;知敌之可击,知吾卒之可以击,而不知地形之不可以战,胜之半也。故知兵者,动而不迷,举而不穷。故曰:知彼知己,胜乃不殆;知天知地,胜乃可全。"(《地形篇》)又说:"故知战之地,知战之日,则可千里而会战。不知战地,不知战日,则左不能救右,右不能救左,前不能救后,后不能救前。"(《虚实篇》)——这些讲的是战争中要知敌情,识战机,知变化。这是临敌制变的阶段。这时的知己,即知吾兵之可用与不可用;知彼,即知敌人有无可乘之机;知地,即知道战地形势,用地利辅佐战事;知日,即知天,利用天时之便。以可用之兵,举可胜之战,战可败之敌,再辅以天时、地利条件,胜利才有百分之百的保障。

二、重点侦察,见微知著

全面掌握情况,还得抓主要矛盾,侦知主要情报。孙子举例说,敌人的意图、主将的特点、守将的弱点、地理条件等,是侦察的重点。

《军争篇》曰:"不知诸侯之谋者不能豫交,不知山林、险阻、沮泽之形者不能行军,不用乡导者不能得地利。""诸侯之谋"即敌人的战略意图,包括战术和计谋;"山林、险阻、沮泽"即地利,在《地形篇》和《九地篇》中有"六地""九地"的区分。《九地篇》又重申这段话,并补充说:"四五者不知一,非霸王之兵也。""四五者",指"九地"。不知"九地",就不具备成为霸主的资格。

《用间篇》曰:"凡军之所欲击,城之所欲攻,人之所欲杀,必先知其守将、左右、谒者、门者、舍人之姓名,令吾间必索知之。"对具体进攻的城池、关隘的守将、裨将、谋士(舍人)以及其他关键人物的情况,必须仔细了解,以便针锋相对地制定乱敌、弱敌的措施。李靖说:"夫决胜之策者,在乎察将之材能,审敌之强弱……"(《通典》卷150引《大唐卫公李靖兵法》)苏洵说:"凡兵之动,知敌之将,而后可以动于险。"(《权书·心术》)可见,自古言兵者都以知敌之将为首要任务。试想,如果连交手对象的情况都不清楚,又怎能因敌制权呢?

侦察在于知战,知战即知道可战与不可战。而最好的"可战"之机就在敌人的计谋和行动还未形成气候,对我还没有太大阻力时。他说:打硬仗打胜,不算"善之善者","古之所谓善战者,胜于易胜者也"。"胜于易胜"才是善战,而"易胜"的机会,就在战机刚露之时。看见敌人有可乘之机,即迅起而驱赴之,费力不大,劳神不多,故"善战者,无智名,无勇功"。这就要求将军要善于分析和识察复杂纷繁的敌情,能看到常人看不到的几微隐暗的苗头,"见胜不过众人之所知,非善之善者也"。(以上《形篇》)孙子强调的是知几知微的重要性。《孙膑兵法·兵失》说"兵不能见祸福于未形,不知备者也",则是从先知为备方面说的,道理与此相同。《易》中的"知几其神",意思亦与此相通。

三、注意保密,严防敌间

情报工作,敌情欲其悉,己情则欲其密。明敌情,则我可以制人;不泄密,则敌无法制我。这是使我方永远处于主动地位,而让敌人总是处于被动地位的必要条件,因此必须做好反间谍工作。

将谋欲密。战略战术切不可泄露,故《计篇》庙堂计议已毕,必以"此兵家之胜,不可先传也"作结,正是注意保密的提醒。

行动欲密。《九地篇》曰:"是故政举之日,夷关折符,无通其使,厉于廊庙之上,以诛其事。"军事行动开始之日,一定要实行戒严,闭关绝使，以免敌人暗探窥测情报。平时的军事行动也要变幻无常，以免敌人掌握我军的行动规律。要做到"其疾如风，其徐如林，侵掠如火，不动如山，难知如阴，动如雷霆"（《军争篇》），让敌人无法预测。

攻守欲密。《形篇》曰："善守者藏于九地之下，善攻者动于九天之上，故能自保而全胜。"《虚实篇》曰："故善攻者，敌不知其所守；善守者，敌不知其所攻。微乎微乎，至于无形；神乎神乎，至于无声。故能为敌之司命。"我的战略意图不要让敌人知道，使敌人不知我所攻、不知我所守，我才能攻其所不守、守其所不攻，才能掌握制敌主动权（"司命"），攻必拔，守必固。

实力欲密。《虚实篇》曰："故形人而我无形，则我专而敌分。"又曰："故形兵之极，至于无形。无形，则深间不能窥，智者不能谋。"我实力隐蔽，敌人无从窥伺，就是高级间谍也无法察知。

间谍欲密。《用间篇》曰："间事未发而先闻者，间与所告者皆死。"我方放出的间谍也要保密，否则达不到侦察的目的，甚至有可能反被对方利用，成为敌人的"反间"。

多方误敌。为了做好反间谍工作，除了注意保守军事秘密外，还可利用敌人欲知的心理，多方误敌。一是制造假情报。孙子谓之"诳间""死间"。《用间篇》曰："诳间者，为诳事于外，令吾间知之，而传于敌间也。""故死间为诳事，可使告敌。"将假情报告诉敌人，以造成敌人的错误判断和错误决策。二是显示假形势。《计篇》曰："兵者，诡道也。故能而示之不能，用而示之不用，近而示之远，远而示之近。"《孙膑兵法·十问》曰："告之不敢，示之不能，坐拙而待之。"皆为此意。放出的消息是假的，显现的形势是虚的，敌人就无法得到我的真实情报。

四、侦伺方法

为了很好地侦察敌情、搜集情报，孙子对侦知方法也做出很多精辟的论述。

战略侦察　《虚实篇》曰:"故策之而知得失之计,作之而知动静之理,形之而知死生之地,角之而知有余不足之处。"——要深计妙策,推知敌人的优劣,如《计篇》之"五事""七计"。挑动敌人,以探知敌人的行动规律;示形诱敌,以摸清敌人所处的有利与不利的境地;向敌人挑战,以测知敌人兵力部署的虚实情况。这是对敌人做战略侦察,由主帅在战争进入实力较量阶段之前完成。

五间齐发　《用间篇》曰:"用间有五:有因间,有内间,有反间,有死间,有生间。五间俱起,莫知其道,是谓神纪,人君之宝也。因间者,因其乡人而用之。内间者,因其官人(官吏)而用之。反间者,因其敌间而用之。死间者,为诳事于外,令吾间知之,而传于敌间也。生间者,反(返,生还)报也。"

这里,孙子对间谍问题进行了系统论述,对间谍的类别、遣间的方法和管理,都做了大量的设想。孙子分间谍为五种,即因间、内间、反间、死间、生间,号为"五间"。反间、死间,注家颇有歧义,而且使用起来最为危险,也颇堪玩味。

孙子曰:"反间者,因其敌间而用之。"杜佑曰:"敌使间来视我,我知之,因厚赂重许,反使为我间也。"这是说利诱敌间,使其成为我方间谍。杜佑又引萧世诚语:"言敌使人来候我,我佯不知,而示以虚事。"这是利用敌间传播虚假情报。在军事上,这两种反间方式都广为使用。但若要讲孙子本意,当以杜佑说为实。孙子下文又说:"必索敌人之间来间我者,因而利之,导而舍之,故反间可得而用也。"即将就敌人间谍,利诱他,开导他,然后把他放出去,继续从事间谍活动。

孙子认为有了反间,才能实现乡间(即"因间")和内间,因此反间是五间中最重要的,君主必须知之,并重赏之:"因是而知之,故乡间、内间可得而使也","五间之事,主必知之,知之在于反间,故反间不可不厚也"。

孙子又论死间说:"死间者,为诳事于外,令吾间知之,而传于敌。"萧世诚曰:"所获敌人及已叛亡军士有重罪者,故(故意)为贷免,相敕勿泄。伴不秘密,令敌间窃闻之,吾因纵之使亡,亡必归,敌必信焉。往必死,故曰死间。"用俘虏和叛兵传递虚假信息,这是一种自觉的死间,是"反反间"之法。还有一种不自觉的死间,为间者无罪,却不自觉地被人当成诳敌的死间。刘邦派郦生说齐王,齐王已同意投诚于汉,不再设防。刘邦事先又派韩信以兵伐齐,韩信见郦生不用一兵一卒,凭三寸不烂之舌就轻易地征服了齐王,觉得太便宜他了,于是趁齐人无备,一举攻下齐国。齐王以为郦生欺骗自己,便把他烹了。唐初,突厥反,唐朝先派唐俭游说突厥,突厥不备,李靖因而出兵击溃之。唐俭幸而逃脱,没有送命,但却不自觉地成了李靖的死间。此外,黄盖的"苦肉计"也是死间的一种,不过还属于"轻量级"的。

兵不厌诈,反间、死间是其中最险、最诈的手段,也是最有效的手段。不过,水能载舟亦能覆舟,间能利事亦易败事。我反间敌人,敌人亦反间我,因此用间有三要:一是行间殊难,探知军情非常辈所能,故必"以上智为间";二是要结恩重赏于间,即"三军之事,莫亲于间,赏莫厚于间,事莫密于间";三是善于御间,派遣精明能干、深孚众望的人管理间谍,即"非圣智不能用间,非仁义不能使间,非微妙不能得间之实"。间谍是三军行动的耳目,是胜利的基本保障,因此孙子誉之为"兵之要"。

五种间谍一起使用,在敌人本土上、官场内、间谍中,都安上我方耳目,又制造各种假情报、假情况迷惑敌人,这样敌情我已知之,而我方实情又不让敌人知道,故可立于不败之地。

间谍战,敌我俱用,若掌握不善,会适得其反。李靖说:"夫水所以能济舟,亦有因水而覆没者;间所以能成功,亦有凭间而倾败者。"(《通典》卷151引)所以他认为"孙子用间,最为下策"(《李卫公问对》卷中)。苏洵也说:"故五间者,非明君贤将之所上。"(《权书·用间》)

但若因用间为诡道而不为，无异于因噎废食，是不可取的。关键在善于用间，故孙子本人也说："三军之事，莫亲于间……微哉微哉，无所不用间也！"（《用间篇》）间谍战是一场比仁厚、比智慧、比机密的工作，非一般人可为。

善于观察，透过现象看本质，举一反三，具有敏锐的判断力，是做好侦察工作的基本素质。《行军篇》列举的许多根据表象认识本质的方法，是孙子军事生涯的经验之谈。如"辞卑而益备者，进也；辞强而进驱者，退也；轻车先出居其侧者，陈（阵）也；无约而请和者，谋也；奔走而陈兵车者，期（急欲与我交战）也；半进半退者，诱也"等。《孙膑兵法·奇正》所谓"故善战者，见敌之所长，则知其所短；见敌之所不足，则知其所有余"，更具有透过现象看本质的意义。

孙子十分注重情报，强调知彼知己对战争胜负的决定作用。通过以上论述，可见孙子的情报思想有这样一些特点：一是充分广泛地掌握敌我双方的各种情况，力求全面系统；二是重点侦察关键情报，见微知几；三是隐瞒自己的情报，做好反间谍工作；四是采用一切手段，运用先进思维，增强情报的准确性。只有建立在全面、准确的情报基础上的战略和策略，才具有实践的意义，也才能发挥克敌制胜的作用。

第十六章 兵家禁忌

孙子说，凡事有利有弊，兵亦然，故善谋者"必杂于利害"。深知利，然后可望实现战争的胜利；杂于害，然后能预防失败。因此，孙子说"计"，同时也处处说"忌"。知道禁忌，然后才能兴利除弊，立于不败之地。

一、兵不可以怒动

兵家首戒因怒兴师。战争都是有目的的，讲实惠的，不讲实际意义，因个人意气而兴师是十分危险的事。《火攻篇》说：

> 夫战胜攻取，而不修其功者凶，命曰费留。故曰：明主虑之，良将修之。非利不动，非得不用，非危不战。
>
> 主不可以怒而兴师，将不可以愠而致战。合于利而动，不合于利而止。怒可以复喜，愠可以复悦，亡国不可以复存，死者不可以复生。故明君慎之，良将警之，此安国全军之道也。

孙子反对"战胜攻取，而不修其功"的做法，认为那是徒费功夫（"费留"）。他为战争定下三个戒条："非利不动，非得不用，非危不战。"——没有利益就不动武，没有所得就不用兵，不是事关存亡就不打仗。不要因一己之怒擅开战端，因为气恼会使人失去理智、丧失策谋，这样就难免打败仗。特别是在敌人有意安排的激怒之计面前，若无法控制自己的情绪，就会中敌奸计，一败涂地。

吴起论战争起因说："凡兵之所起者有五：一曰争名，二曰争利，三曰积恶，四曰内乱，五曰因饥。"（《吴子·图国》）虽然未能说尽战争的起因,但他认为战争的产生都有实际原因,则是事实。在孙子看来,战争的五种起因中,最本质的是"争利",无利不起早,无利不争战。因怒兴师而不顾利害,实是兵家大忌。

对付敌人,孙子主张"怒而挠之""佚速可辱",令敌失态;对于自己,孙子则认为要谨防敌人用计激怒我。他说,一时愤怒不要紧,时过境迁,怒可以复喜,愠可以复悦,但因战败而牺牲的战士不能再生,因战败而灭亡的国家不可复存。所以孙子郑重提醒:"明君慎之,良将警之!"

二、"三患"

"三患"是指外行的君主对军队的三种危害。《谋攻篇》曰:

> 故君之所以患于军者三:不知军之不可以进而谓之进,不知军之不可以退而谓之退,是谓縻军。不知三军之事而同三军之政者,则军士惑矣。不知三军之权而同三军之任,则军士疑矣。三军既疑且惑,则诸侯之难至矣,是谓乱军引胜。

君主居于内,不知敌情,发号施令难免有违实情,这会束缚军队的行动(縻军)。不知治军之道,不懂军事权变,却硬要干预军事,就会使三军疑惑,不知所措。将人心搞乱,将三军搞垮了,敌人就会乘虚而入,这叫自乱其军,贻胜于敌(乱军引胜)。

其基本精神是,外行不能指挥内行,君权不能扰乱三军。

三、攻敌"八勿"

《军争篇》曰:

> 故用兵之法:高陵勿向,背丘勿逆,佯北勿从,锐卒勿攻,饵兵勿食,归师勿遏,围师必阙,穷寇勿迫。此用兵之法也。

这里的"八勿"是告诫兵家:小利勿贪。有得必有失,物极必将反。乘胜攻敌,切忌只顾其利,不虑其害。在攻敌时应当考虑祸福相因、得失相循的辩证法,利有所不爱,敌有所不歼:敌人占领高地不要仰攻,敌人背靠高地不要正面进攻,敌人假退不要跟踪,敌人锐气正盛不要出击,敌人的诱兵不要理睬,敌人必欲撤归不要拦击,包围敌人要留缺口,绝境之敌不要紧逼。

四、危险的"五利"

《九变篇》曰:

> 途有所不由,军有所不击,城有所不攻,地有所不争,君命有所不受。

"途有所不由"至"君命有所不受",兵法谓之"五利"。若取之不当,"五利"可能转化为"五害"。如何处置"五利",正反映出利与害、得与失的辩证关系。

此"五利"有所不取。竹简《兵法》下编《四变》对此有具体的论述:

> 途之所不由者,曰:浅入而前事不信(伸),深入则后利不接(续)。动(进)则不利,立(不进)则囚。如此者,弗由也。

> 军之所不击者,曰:两军交和(和解)而舍(罢战),计吾力足以破其军,获其将。远计之,有奇势巧权于它,而军……□将,如此者,军唯(虽)可击,弗击也。

> 城之所不攻者,曰:计吾力足以拔之,拔之而不及利于前(目前),得之而后弗能守(占有)。若力□之,城必不取。及于前,利得而城自降,利不得而不为害于后。若此者,城唯(虽)可攻,弗攻也。

> 地之所不争者,曰:山谷水□无能生者,□□□而□□……虚。如此者,弗争也。

> 君令有所不行者,君令有反此四变者,则弗行也。

敌境虽能够攻入,但攻入不深对当前战事无利,攻入深了战机又还没出现,进不得利,不进则被围,故"途有所不由"。两军讲和,虽然我军当前的力量足以打败敌人,但从长远考虑,有更好的"奇势巧权",得利更大,故"敌有所不击"。我方力量可以攻拔敌城,但拔之既不利于当前,也不能长期据守,故"城有所不攻"。敌人的土地没有水源、粮草,不利生存,这样的无用之地形同虚设,故"地有所不争"。君命若违背以上四种原则,则从之有害,故"君命有所不受"。这些原则表现出的都是从实际出发、从实利出发的精神。

五、"五危"

《九变篇》曰:

> 故将有五危:必死可杀也,必生可虏也,忿速可侮也,廉洁可辱也,爱民可烦也。凡此五者,将之过也,用兵之灾也。覆军杀将,必以五危,不可不察也。

"必死"轻生,"必生"怕死,"忿速"易怒,"廉洁"惜名,"爱民"不忍。将军性格的这五个特点,在一定条件下会转化为自己的弱点,被敌人利用。一方面,我可以利用这一点来制敌;另一方面,我也要避免犯这些错误而被敌人利用。总之,将军对一切个性(无论是优点还是缺点)都不要过度固执,以免成为毁灭自己的累赘。

六、六过

《地形篇》曰:

> 故兵有走者,有弛者,有陷者,有崩者,有乱者,有北(败逃)者。凡此六者,非天之灾,将之过也。夫势(优势,气势)均(相等),以一击十,曰"走"(败)。卒强吏弱,曰"弛"(纪律松弛)。吏强卒弱,曰"陷"(软弱)。大吏(部将)怒而不服,遇敌怼(怨恨)而自战,将不知其能,曰"崩"(崩溃)。将弱不严,教道不明,吏卒无常,陈兵纵横,曰"乱"(混乱)。将不能料敌,以少合众,以弱击

强，兵无选锋（先锋），曰"北"（败逃）。凡此六者，败之道也。将之至任，不可不察也。

这段话是说，用兵时有六种会导致失败的过失："走、弛、陷、崩、乱、北"。没有优势却以少击多，以致失败，叫"走"。士卒桀骜不驯，将官无能，纪律松弛，叫"弛"。领兵官强悍，士兵软弱，叫"陷"。部将怨愤，不听指挥，遇敌擅自作战，将军不知其能，以致溃败，叫"崩"。将领软弱，约束不严，士卒没有规矩，没有秩序，叫"乱"。将军不能预测敌情，以寡击众，以弱击强，队列中没有精兵做先锋，以致战败，叫"北"。

"势均，以一击十"，是不知"众寡之用"；吏卒不和、将吏不协，是"上下不同欲"；兵弱、无教、阵乱，是"士卒不练""兵众不强"；不能料敌，是"不知彼"；以弱击强、兵无先锋，是"不知兵"。凡此数者，有其一必败。这是将之过，非天之灾。

第十七章　奇妙的军事哲学
——代结语

　　一位真正伟大的军事家,首先就是一位杰出的哲学家。他们的思想,无不在一定的哲学体系中表现出来,无不体现一定的认识方法和思维方式。作为伟大军事家的孙子,当然也不例外。在今存《孙子》十三篇中,处处体现着孙子对军事问题的哲学思考,处处闪烁着他智慧的哲思之光。他既是一位专业的军事理论家,也是一位伟大的哲学家。

　　在品读孙子妙趣横生、奇计迭出的《兵法》时,我们常常会感受到,在他那博大的胸怀和睿智的心灵里,蕴藏着伟大而奇特的思维。正是这种思维促成了他对战争问题做如是思考,也正是这种思维促成了他做出那样实际而又惊人的参验。在我们熟悉了孙子的军事理论之后,不妨再对他的军事哲学思维进行初步了解,这对我们加深对其军事思想的理解,当不无好处。

一、实事求是,重人轻神

　　兵者凶器,"国之大事",生死系之,存亡赖焉,来不得半点虚伪和造作。孙子在自己的军事生涯和军事理论中,始终贯穿了"实事求是"的原则,一切从实际出发,一切从实利考虑。在战略上,孙子认为在战争之前应先决胜于庙堂,而庙堂决胜又完全基于"五事""七计"等敌我双方综合实力的比较。他说"经之以五事,校之以计(七计)","吾以此知胜负矣"。五事,即道、天、地、将、法;七计,即"主孰有道,将孰有能,天地孰得,法令孰行,兵众孰强,士卒孰练,赏罚孰明"。一切都是实际的、实在的,毫无主观造作,更没有神性鬼气。这与唯心论者和神性论者大异其趣。

在战术上,孙子认为,采取什么克敌制胜之术,完全取决于敌我双方的实力对比。《谋攻篇》曰:"故用兵之法,十则围之,五则攻之,倍则分之,敌则能战之,少则能逃之,不若则能避之。"是围,是攻,是分,是战,是逃,或是避,都视敌我情况而后定;如果不顾实力一味蛮干,必然落个"小敌之坚,大敌之擒"的下场。

基于这样的哲学,孙子提出了著名的命题:"知彼知己者,百战不殆;不知彼而知己,一胜一负;不知彼不知己,每战必殆!"(《谋攻篇》)

"百战不殆"不是军事家个人头脑灵感的产物,而是"知彼知己"的结果;"每战必殆"也不是神鬼的捉弄,而是"不知彼不知己"的结果。因为战争是实事求是、脚踏实地的较量。孙子提出的"五胜之道"就是这一原理的具体说明:"知可以战与不可以战者胜,识众寡之用者胜,上下同欲者胜,以虞待不虞者胜,将能而君不御者胜。此五者,知胜之道也。"(《谋攻篇》)"五胜之道"为知敌、用兵、齐心、有备、全权,而以知敌为首,这难道不是对"实事求是"的精彩概括吗?

孙子认为,如果违背"实事求是"这一原则,无论决策来自哪里,具有多大权威,都会扰乱三军,导致失败。他归纳主观主义的君主对军事干扰的情况:"不知军之不可以进而谓之进,不知军之不可以退而谓之退,是谓縻军。不知三军之事而同三军之政者,则军士惑矣;不知三军之权而同三军之任,则军士疑矣。三军既惑且疑,则诸侯之难至矣,是谓乱军引胜。"(《谋攻篇》)不知军情,进退不当,是瞎指挥;不知军事,干预军政,是假内行;不知权变,欲揽军权,是制造混乱。其结果都将"乱军引胜"——使自己混乱,贻胜于敌。造成"乱军引胜"的总根源,就是"不知"。

孙子说,一切军事和战争的失误,都来源于人事处置的失当,与上天和鬼神无关。《地形篇》曰："兵有走者,有弛者,有陷者,有崩者,有乱者,有北(败逃)者。凡此六者,非天之灾,将之过也。"以少击众曰"走",将不服众曰"弛",将强兵弱曰"陷",将帅不和曰"崩",治军无方曰"乱",不能料敌、兵无先锋曰"北"。凡此种种,皆是人事致败。

因此,战争的胜利必须建立在人事努力的基础之上。他说,古今"明君贤将"之所以战无不胜、攻无不克,就在于作战之前先知敌情,而"先知"的获得,不能求神,不能靠天,不能占星,不能臆断,只有求之于人——"必取于人,知敌之情者也"(《用间篇》)。这就将当时广泛存在的鬼神信仰、神秘巫术,赶下了战争舞台!

二、矛盾对立,变化无常

由于求实的态度,孙子对客观事物、实际情况做了更多、更深刻的观察和探讨,发现了许多在今天看来还具有一定深度的普遍规律和法则。首先,他发现事物之间是有联系的,而不是孤立的。战争就是如此,胜负受许多因素的制约。《计篇》中"庙算"所依据的"五事""七计",就是以联系的观点考虑问题。在战略思考上,任何偏于一隅的曲见,都不利于夺取战争的胜利。

在考察事物的普遍联系时,孙子十分注意抓主要矛盾、关键问题。故论"五事"之时,孙子将"道"置于首位,认为君主是否有道、上下是否同欲,是决定战争胜负的首要因素。但进入战术实施阶段后,决胜的因素则以"将"为主——"知兵之将,民之司命,国家安危之主"(《计篇》)。不同的阶段有不同的主要矛盾和关键问题。

在孙子眼里,战争是奇变无穷、充满矛盾的。他描绘波澜壮阔的战争形势说:变幻不能测定,像天地之广博无垠,像江河奔腾不息,像日月一样代谢不已,像四时一样循环无穷。它急速进行时像疾风暴雨,迅猛非常;缓慢时像微风动树,徐徐无声。它有时如烈火燎原,有时如山岳屹立,形形色色,云谲波诡,充满矛盾,充满斗争。他称兵为

"诡道",说"兵以诈立",虚虚实实,真真假假。他建立军事科学的意义在于:认识复杂变幻的战争,揭示战争规律,掌握战争变化之道。他归纳出许多体现在战争中的矛盾对立关系,诸如敌我、主客、众寡、强弱、攻守、进退、胜负、奇正、安动、勇怯、智愚、治乱、劳逸、死生、利害、分合、动静、有无、屈伸、难易、饥饱、左右、上下、大小、将卒、君民、远近等,认为它们互相依存、对待,并在一定条件下互相转化。例如,他说:"乱生于治,怯生于勇,弱生于强。"(《势篇》)"投之亡地然后存,陷之死地然后生。"(《九地篇》)

治乱、勇怯、强弱、存亡、死生本是对立的方面,但在一定条件下,都可以向相反方面转化。他说,看待问题要全面系统,不要只知其利不知其害,只知其一不知其二。比如对利害问题,孙子曰:"不尽知用兵之害者,则不能尽知用兵之利也。"(《作战篇》)只知有利可图,不知害随其后,就会在战争进行中突遇灾害,懵然不知所措,"是故智者之虑,必杂于利害。杂于利而务可信(伸)也,杂于害而患可解也"(《九变篇》)。他反对逐利而不顾害的做法,主张见利思害,利有所不取,故曰"佯北勿从,饵兵勿食,归师勿遏"(《军争篇》)。兵学的任务就是力图寻找其转化之道,将军的职责就是随机变化而因敌制胜,故《虚实篇》曰:

夫兵形象水,水之形避高而趋下,兵之形避实而击虚;水因地而制流,兵因敌而制胜。故兵无常势、水无常形,能因敌变化而取胜者,谓之神。

针对变幻无常的军事形势,孙子要求人们切不可胶柱鼓瑟、刻舟求剑,而应随着形势变化,制定相应的战略战术。为此,孙子设计了"奇正"战术。《势篇》论"奇正"曰:

凡战者,以正合,以奇胜。故善出奇者,无穷如天地,不竭如江海……战势不过奇正,奇正之变,不可胜穷也。奇正相生,如循环之无端,孰能穷之哉?

"正"就是常规战术，"奇"就是非常规的巧攻。奇正战术的重点是"相生"，奇可生正，正可生奇，相生相衍，没有穷尽。他比喻说，正如五音(宫、商、角、徵、羽)相配有数不尽的乐音，五色(青、黄、赤、白、黑)相错有看不完的图画，五味(辛、酸、咸、苦、甘)相配有尝不遍的美味，善于使用"奇正"战术，也能应变于无穷。

认识了矛盾对立，就找到了问题的关键；掌握了转化规律，就找到了制胜的契机。孙子正是在这样的哲学思考下，对克敌制胜的方法进行了系统研究。

三、主观能动，灵活机动

讲对立和转化，比孙子稍早的还有一位哲学家——老子。从纯哲学的抽象思维看，老子比孙子更精致、更深刻一些；但讲运用，老子就不如孙子实际。老子讲的转化是"超越式"的转化，他不主张消除现实的差别，不主张通过力量对比的消长来实现矛盾主次的易位。他一味要人们改变认识的角度，将虚的看实，实的看虚，却忽视了现实矛盾，所以矛盾依然存在，虚实仍然悬殊。这不是真正的矛盾转化。

孙子走的路子比老子更实际，即充分发挥人的主观能动性，想方设法实现强弱、众寡、饥饱、劳逸、利害、迂直、先后、盈竭、虚实、胜败等实实在在的矛盾转化。

孙子强调自我力量的加强，极力主张"先胜后战"，先使自己立于不败之地，然后严密侦察敌人的"可胜"之机。故曰"不可胜在己，可胜在敌""胜可知而不可为"(《形篇》)。这是就一般情形而言。孙子论述更多的，是发挥我方的能动作用，促成敌人"可胜"机会的到来，他称此为"胜可为"(《虚实篇》)，即人为地削弱敌人的力量，制造可乘之机。怎么"为"呢？其方多端。

一曰分敌。以"形人而我无形"之法，使"我专而敌分"，"我专为一，敌分为十，是以十攻其一也"，于是就达到了"我众而敌寡""以众击寡"的目的(《虚实篇》)。比如隐瞒我与敌人决战的战场,使"吾所与战之地不可知"。不知战地,敌人就不知我主要进攻的方向,因而"敌所备者必多,敌所备者多,则吾与战者寡矣"。主动进攻,力量就专一;被动防御,力量就分散——"寡者,备人者也;众者,使人备己者也"(《虚实篇》)。

二曰劳敌。先处战地,以逸待劳——"先处战地而待敌者佚,后处战地而趋战者劳"(《虚实篇》)。采取一切削弱敌人的手段——"利而诱之,乱而取之,实而备之,强而避之,怒而挠之,卑而骄之,佚而劳之,亲而离之"(《计篇》),"敌佚能劳之,饱能饥之,安能动之"(《虚实篇》),以削弱其优势。

三曰致敌。控制主动权,"致人而不致于人"(《虚实篇》)。让敌人疲于奔命,我则以逸待劳,占据地利,以形辅势。

四是误敌。"示形"误敌,制造假情报,显露假实力,"能而示之不能,用而示之不用,近而示之远,远而示之近"(《计篇》),给敌人以错觉,让敌人做出错误判断,或以少合我之众,或无备为我所乘。

五是击虚。玉再美也有瑕,人至察也有疏。若自其虚弱处而攻之,则无坚不可摧;若自其坚者而攻之,则无物不坚。《势篇》曰:"兵之所加,如以碫投卵者,虚实是也。"以实击虚,费力少而见功巨。避实击虚,则敌人无不虚。如此,就可做到"敌虽众,可使无斗"(《虚实篇》)。

六是利诱。"故迂其途,而诱之以利,后人发,先人至",是"以迂为直,以患为利"。"以利动之,以卒待之"(《势篇》),诱敌以利,使其脱离地利,再以伏击之,可以以少胜多。

七曰杀将。察知敌将特点,反其利而用之,"必死可杀也,必生可虏也,忿速可侮也,廉洁可辱也,爱民可烦也"(《九变篇》)。利用其特点,针锋相对,使其优点变为弱点。

八曰智胜。兵力不及,优势无有,则不可以力较,而应以智胜。兵不足,力有限,唯用智不分强弱大小,善战之"善"正在于能以智用兵、以计胜敌——"故善用兵者,屈人之兵而非战也,拔人之城而非攻也,毁人之国而非久也,必以全争于天下,故兵不顿而利可全,此谋攻之法也","故上兵伐谋,其次伐交,其次伐兵,其下攻城"(《谋攻篇》)。

九曰机动。力量可敌则出而战,不可敌则居以守,以待其变。《形篇》曰:"不可胜者,守也;可胜者,攻也。守则不足,攻则有余。"守即养精蓄锐,运用计谋怠敌劳敌。

分敌、误敌,可以化众为寡;劳敌、致敌、利诱、杀将,可以化强为弱;智胜、击虚、机动,可以因敌制胜。凡此九法,处处体现了人的主观能动性,洋溢着理性精神。这是人为地促成敌我力量朝着有利于我方的方向转化,促成敌人的"可胜"时机的出现。

四、相对、绝对和偶然、必然

事物是相对与绝对、偶然与必然的对立统一。战争也是世间的一种带规律性的运动,当然也有"相对、绝对""偶然、必然"的对立。孙子认识的虚实、众寡、强弱、利患(或"利害、利危")、勇怯、治乱、迂直、生死、存亡等对立的矛盾,也是如此。如前所举,孙子认为"乱生于治,怯生于勇,弱生于强",并主张"以迂为直""以患为利"(《势篇》)。他认为矛盾可以转化,但这种转化不是随意的,而是有条件的:"治乱,数(编制、组织)也;勇怯,势也;强弱,形也。"(《势篇》)是否编制有法、组织得当,决定三军是否有秩序;气氛、士气能否培植好,决定士兵是否勇敢;军容是否整治,决定军队强弱。孙子又说:"投之亡地然后存,陷之死地然后生。夫众陷于害,然后能为胜败。"(《九地篇》)生与死、存与亡,不是随便可以转化的,只有在"亡地"和"死地",士卒奋力决战之时才能转化。矛盾的对立,谓之"相对、偶然";一定的条件,必然促成矛盾转化,是谓"绝对、必然"。兵家的任务,即从相对性和偶然性中,寻求有利于我的绝对性和必然性,也就是在诡诈多端的战争形势

中,探索出克敌制胜的必然规律。孙子将此规律命名为"道",他说:"善用兵者,修道而保法,故能为胜败之政。"(《形篇》)

修道,即探求和把握军事规律;保法,即持守克敌制胜的战术和谋略。只有掌握军事规律又具有制胜技巧的人,才能在战争中稳操胜券!《孙膑兵法·客主人分》曰:"以决胜败安危者,道也。"此可谓善传其家学。

孙子是否认识了"道"呢? 细绎《孙子》全书,孙子无疑已经知"道"。如前所举,孙子曾提出了五种取胜之"道",即"知可以战与不可以战者胜,识众寡之用者胜,上下同欲者胜,以虞待不虞者胜,将能而君不御者胜。此五者,知胜之道也"(《谋攻篇》)。这是对战争胜利规律的总结。孙子还主张把握自然规律以辅战制胜。火可以毁灭敌人的物资,水可以阻断敌人进退,但在战争中利用水火,必须把握自然规律。他说"发火有时,起火有日",并总结出"月在箕、壁、翼、轸"时宜火攻的规律,因为"四宿者,风起之日也"(《火攻篇》),可加以利用。

知道规律,儒家谓之"知天","知天"的目的是"赞天地之化育",替天行道。道家谓之"知道","知道"的目的是"无为",无为而无不为。孙子所说的"道"意在辅兵,即通过人力促成战争中有利于我的形势。孙子称体现"道"的力量的情形为"势"。势是代表着必然趋势的态势,一切勇怯、胜败都由势决定。"勇怯,势也",如果将人摆在一种必胜之势当中,即使是生性怯弱的人也会勇敢起来。由是孙子主张"择人而任势",不责成于人,而重在造成必胜之势。

《势篇》说:

> 激水之疾,至于漂石者,势也。鸷鸟之疾,至于毁折者,节也。是故善战者,其势险,其节短。势如彍弩,节如发机。……任势者,其战人也,如转圆石。木石之性,安则静,危则动,方则止,圆则行。故善战人之势,如转圆石于千仞之山者,势也。

水至柔,但流水可以漂石,其原因在于流水造成的强大势能;鸷鸟攫物,小小的身躯能使猎物身毁体折,其原因是它在短促之间形成的爆发力。木头与石头,方形则静,圆形则动,处平地则静,处陡坡则转,这也是势能使然。战争难道不可以从中得到启发吗? 要人勇敢,就要置之于不得不勇的地位;要想克敌,就得具有战无不胜、攻无不克的气势。

善战者要巧妙地"造势",即体会战争规律,制造一种必胜的趋势。孙子论述了两种造势的方法:一是造兵形之势,二是造权谋之势。上面的引文讲的是"兵形之势"。要造成部队浓厚、高昂的杀敌气势,即"其势险,其节短。势如彍弩,节如发机";要使战士处于必战的位置,置之死地而后生,即"善战人之势,如转圆石于千仞之山"。这也是中国兵家中"形势派"的专长。

《计篇》曰:"计利以听,乃为之势,以佐其外。势者,因利而制权也。"这里所说的"造势",是因利制权,也就是通过运筹谋划,制造我军必胜之势。

由于"造势""任势"正确体现了利用规律发挥作用的原理,因此,它比直接督促战士勇敢杀敌还要重要,还要根本。孙子强调:"善战者,求之于势,不责于人,故能择人而任势。"(《势篇》)因为只要形成了胜敌之势,利用顺时心理、从众惯性,就可以激怯为勇,化弱为强,以少胜多。"造势""任势"就是"修道"之极致,是循道之真谛、辅道之权法!

孙子以军事为内容的哲学思想,我们叫它"军事哲学"。孙子的军事哲学,体现了"实事求是"的认识原则、发展变化的运动观点、灵活机动的应变态度、主观能动的人文精神,具有广泛的合理性和实用性。孙子的智慧,不仅是兵家认识军事规律的科学方法,而且是每一位追求智慧的人士认识世界和处理世事的有益参考。

汉唐书局